1분
명사법

One-Moment Meditation

Original Copyright © 2007, 2009, by Martin Boroson
All rights reserved.

No part of this book may be used or reproduced in any manner whatever without written permission except in the case of brief quotations embodied in critical articles or reviews.

Korean Translation Copyright © 2013 by Inner World Publishing
Korean edition is published by arrangement with Martin Boroson through JS CONTENTS, Korea.

이 책의 한국어판 저작권은 JS 컨텐츠를 통한
저작권자와의 독점 계약으로 정신세계사에 있습니다.
신저작권법에 의해 한국 내에서 보호를 받는 저작물이므로
무단전재와 복제를 금합니다.

이 책의 인물 삽화는 마틴 보로슨의 동영상
'How to Meditate in a Moment'(© Martin Boroson, 2011)를 바탕으로 그려진 것이니
마틴 보로슨의 허락 없이 무단복제와 변형을 금합니다.

마틴 보로슨Martin Boroson 지음 | 이균형 옮김

생활전선의 혼돈을 평정하는 반전의 기술

정신세계사

1분 명상법
ⓒ 마틴 보로슨, 2007, 2009

마틴 보로슨 짓고 이균형 옮긴 것을 정신세계사 정주득이 2013년 10월 31일 처음 펴내다. 김진혜가 그리고, 김우종이 다듬고, 김진하가 꾸미고, 경운출력에서 출력을, 한서지업사에서 종이를, 영신사에서 인쇄와 제본을, 김영수가 기획과 홍보를, 하지혜가 책의 관리를 맡다. 정신세계사의 등록일자는 정신세계사의 등록일자는 1978년 4월 25일(제1-100호), 주소는 03785 서울시 서대문구 연희로2길 76 한빛빌딩 A동 2층, 전화는 02-733-3134, 팩스는 02-733-3144, 홈페이지는 www.mindbook.co.kr, 인터넷 카페는 cafe.naver.com/mindbooky 이다.

2020년 7월 1일 펴낸 책(초판 제6쇄)

ISBN 978-89-357-0373-9 03320
이 도서의 국립중앙도서관 출판시도서목록(CIP)은 e-CIP홈페이지(http://www.nl.go.kr/ecip)와
국가자료공동목록시스템(http://www.nl.go.kr/kolisnet)에서 이용하실 수 있습니다.
(CIP제어번호 : CIP2013018193)

임종의 마지막 숨을 내뱉음과 동시에,
인간은 새로운 출발을 준비해야만 하리.

니코스 카잔차키스

차례

독자에게 (옮긴이의 말) / 9
들어가기 / 13

1부 기초 연습 / 27

1분 명상 / 29
1분에 대한 이해 / 39
시간과 장소 / 42
혜택(당신의) / 47
혜택(나머지 모든 사람의) / 52
흔히 부딪히는 문제 / 54
워밍업 / 60
쿨링다운 / 63
훈련과 완성 / 65
1분 명상과 기도 / 67
부수효과 / 69

2부 중급 연습 / 71

휴대용 1분 명상 / 73
응급용 1분 명상 / 76
깜짝 1분 명상 / 84
보너스 1분 명상 / 86

3부 시간 속의 순간 / 89

시간의 인식 / 91
시간의 본질 / 98

4부 고급 연습 /113
한 호흡 명상 /115
핸들 놓기 /117
순간의 알아차림 /120
찰나적 깨어 있음 /122

5부 순간과의 만남 /125
순간이란 무엇인가 /127
순간 이전 /130
회자되는 순간들 /133
순간 이후 /147
순간이 아닌 것 /149

6부 최고급 연습 /153
둘러보기 /155
돌아다니기 /158
행위하면서 있기 /162

7부 순간의 기적 /167
휴식과 레크리에이션 /169
선택의 순간 /172
영원한 젊음 /175
고급 시간관리 기법 /177
순간 관리하기 /184
반전의 순간 /188
절묘한 순간 /191
궁극의 순간 /195
음미의 순간 /199

8부 순간의 통달 /203
무순간의 순간 /205
순간의 달인 /209

독자에게

당신은 지금 좀처럼 만나기 힘든 아주 요긴하고 귀한 책을
정말 운 좋게도 잘 집으셨다.

'글쎄, 근데 나에게도 명상이란 게 필요할까…'라고?
물론이다. 가장 절실하게 필요하다.

경치 좋은 곳에 가서 편안히 몸을 쉬는
그런 정도의 휴식이 아니라
포화와 총성이 멎은 전선의 고요와 같이,
마음속의 온갖 분주한 생각까지도 문득 멎어버린 깊은 휴식…
그곳이 바로 무한한 원기와 창조력의 근원이다.
– 필요하지 않은가? 멋지지 않겠는가?

게다가 그런 깊은 휴식을
휴가 낼 필요도 없이
돈도 들이지 않고

생활전선의 일상적인 소란 한복판에서도
언제든지 즐길 수 있다면 말이다.

알고 보면 명상은 누구에게나 가장 절실히 필요한 것이지만
여태껏 너무나 먼 곳에 놓여 있어서
그게 무엇에 쓰이는 물건인지조차 모르니
먼 길을 무릅쓰고 다가가볼 엄두를 내본 적이 없는
'신비의 아이템'이었다.

그러나 다행히도, 고맙게도
이 책은 명상을 세상에서 가장 쉽게 만들어서 가르쳐주고 있다.
그저 이 얇은 책이 시키는 대로만 따라서
하루에 1분씩의 시간과 노력만 투자하면 된다.
더 이상의 '단계'도, 교재도, 학원도, 워크샵도 필요 없다.
하지만 이건 결~코 가벼운 책이 아니다.

하루에 1분의 이 명상법은
그것도 너무 길다는 듯이 길이가 점점 줄어들다가 결국
한 호흡 간에 깊이 빠져드는 한 호흡 명상,
또 거기서 더 나아가
일상의 매 순간이 명상이 되게 하는 '순간 명상'으로 귀착한다.

흔히들 잘못 알고 있지만,
명상하는 데는 시간이 필요하지 않다.
필요한 건 당신의 결심뿐이다.

순간 명상이 당신에게 물음표가 아니라 느낌표가 되고 나면
당신은 '시간'과 '일상'이라는 틀을 깨고 나와
순간의 기적 속에서 살게 된다.
이 행운을 꼭 당신의 것으로 가져가시길…

옮긴이 씀

들어가기

교통신호에 막혀서, 줄서서 기다리느라, 지겨운 회의에 참석하느라 '빼앗겨버린' 모든 순간들에 대해 생각해보라. 내키지 않는 파티에서, 집중이 안 되는 일로, 잠자러 가려던 참에 붙들린 마지막 TV 쇼 때문에 '낭비된' 모든 순간들을 생각해보라. 또 아이쇼핑을 하느라, 인터넷 서핑을 하느라, 전화기 붙잡고 빈둥대느라 돌보지 못한 사이에 '도둑맞은' 순간들도 있다. 또 부지불식간에 '그냥 지나가버린', 순간들 사이의 다른 순간들도 있다. 이 모든 순간들이 당신에게 모종의 멋진 기회를 제공하고 있다면 어떻겠는가? 이 모든 순간들을, 당신을 차분히 깨어 있게 하고 흐뭇하고 안정된 기분이 되게 해주는 기회로 바꿔놓을 수 있다면 어떻겠는가? 한 순간에 해낼 수 있는 어떤 단순한 일이 당신의 삶에 심오한 영향을 미칠 수 있다면 어떻겠는가?

*

이 책도 어느 한 순간에 잉태됐다.

어느 날 아침, 나는 평소에 하듯이 30분 동안의 명상을 하고 있었다. 30분 동안 꼬박 눈을 내리깔고 고요히 앉아 있을 참이었다. 그런데 유독 이날 아침은 마음이 산란했다. 시간은 너무나 느리게 가고, 마음은 이리저리 치달리고 있었다. '시계의 자명종을 맞춰놨나?' '한 시간 동안 앉아 있는 건 아닐까?'… 그건 정말 몇 시간처럼 느껴졌다. 시계를 확인해보고 싶은 마음이 여러 차례 올라왔다. 하지만 난 고요히 앉아 있기로 했으니까 그 결심을 포기하고 싶진 않았다. 그러다가 결국은 포기하고 말았다.

시계를 확인해보고 내가 자명종을 맞춰놓았다는 것을 알았다. 1분이 남아 있었다. 그러니까 나는 30분이 지났는지 안 지났는지를 생각하면서 29분을 보낸 것이다. 좌절감에 빠진 나는 이렇게 생각했다. '1분밖에 안 남았으니 오늘은 그만 하지 뭐.' 그때 다시 이런 생각이 떠올랐다. '1분 동안 명상하는 게 어때서? 1분 동안도 안 된다면 30분을 해도 안 되는 거 아냐?' 그래서 나는 마치 처음인 것처럼 다시 시작하기로 했다. 얼마가 남았든 그동안 명상을 하기로 한 것이다. 1분 동안 명상을 하기로… 하지만 잘 하기로.

그 순간부터 시간에 대한 나의 태도가 변하기 시작했다. 나는 장기적인 목표보다는 현재의 기회에 대해 생각하기 시작했다. 아주 짧은 시간에 얼마나 많은 것이 이뤄질 수 있는지를 깨닫기 시작했다. 그리고 새로운 방식으로 명상하기 시작했다. 아침마다 30분씩만 방석 위에 앉아 있는 게 아니라 하루종일 언제든지, 지하철에서든 책상 앞에서든 헬스장에서든 틈날 때마다 잠깐 잠깐씩 명상하기 시작했다는 말이다. 평화로운 마음상태로 더 빨리 들어갈 수 있게 될수록, 그리고 소품이 덜 필요할수록 더 낫다는 것을 깨닫기 시작했다. 한마디로, 나는 시간 날 때마다 아무 때나 명상을 하기 시작한 것이다.

*

대부분의 시간, 우리는 한 순간의 잠재력이 얼마나 엄청난지를 잊고 산다. 아마 이것은 우리가 한 순간은 그저 몇 초 정도의 아주 짧은 시간이니 무시해도 된다고 생각하기 때문일 것이다. 하지만 사실 '순간(moment)'이란 말의 어원은 라틴어인데 '저울을 충분히 기울여놓을 수 있는 입자'라는 뜻이다. 달리 말해서, 한 순간은 변혁적인 것일 수 있다. 그것은 당신의 삶을 바꿔놓을 수 있다. 순간(moment)은 바로 그 자체의 성질상 매우 중요한(momentous) 것이다.

한 순간에 어떤 일이 일어날 수 있는지를 상상해보라. 댐이 무너지고, 지진이 일어나고, 메말랐던 숲이 화염에 휩싸인다. 한 순간에 술 취한 운전자가 정지신호를 지나 당신의 차를 들이받는다. 한 순간에 주가

가 곤두박질친다. 당신이 당연하게 여겨온 것들이 언제 사라져버릴지는 아무도 모른다.

하지만 한 순간은 또한 치유적이고 영적이고 희열에 찬 것이 되기도 한다. 한 순간에 환상적인 새로운 발상이 번쩍 떠오른다. 한 순간에 누군가가 당신의 골칫거리를 해결해준다. 한 순간에 오랫동안 연락할 길을 몰랐던 친구의 전화를 받는다. 한 순간에 오랜 세월을 가로막고 있던 벽이 허물어진다. 한 순간에, 이유는 모르겠지만, 오랜 지병이 회복되기 시작한다.

행운이든 불운이든, 개인의 일이든 전체의 일이든 간에, 삶을 바꿔놓는 이런 순간들은 일상적이던 우리의 삶이 한 순간에 비범한 삶으로 바뀔 수 있음을 상기시켜준다. 한 순간에, 일상적이던 삶으로부터, 그 순간 이전에는 상상도 못했던 또 다른 현실이 쏟아지듯 펼쳐진다. 달리 말해서, 극적인 변화는 긴 시간을 요하지 않는다. 딱 한 순간이면 된다.

나는 여러 개인과 단체의 중요한 변신 과정을 도와 촉진시켜준 경험이 있다. 이런 과정에는 시간이 걸릴 수 있지만 실제로 돌파구가 열릴 때는, 변화가 순간적으로 일어난다. 그것이 무엇이고 언제 일어날지는 아무도 예측하지 못한다. 하지만 돌파구가 열리는 조건은, 관련된 사람들이 현재의 순간에 오롯이 머물러 있어서 그 순간이 품고 있는 가능성에 마음이 열려 있을 때이다. 달리 말해서, 그들은 자신들의 계획과 습관과 기대와는 무관하게 '이' 순간이 가져올 급진적이고 근본적인 변화의 가능성에 마음을 활짝 열고 있는 것이다.

*

이 책은 당신이 그 순간을 알아차리고 이해하고 음미할 수 있도록, 그 순간 속에 머물 수 있도록, 한 순간이 품고 있는 엄청난 잠재력의 수도꼭지를 열 수 있도록 도와줄 것이다. 게다가 거기에는 그리 많은 시간이 걸리지 않을 것이다. 보장하건대, 첫 번째 연습은 하루에 1~2분 이상 걸리지 않는다. 훈련과정이 진척되는 동안 연습은 실제로 더욱더 짧아지고 시간이 줄어들어 결국은 단 한 순간에 그것을 할 수 있게 된다.

이 방법을 통해 당신은 하루에도 여러 번씩 자신을 재충전할 수 있게 될 것이다. 당신은 (당신의 본성인) 일상적인 활동의 소용돌이 속에서 (또한 당신의 본성인) 깊은 고요를 경험하는 법을 배울 것이다. 당신은 시간을 새로운 방식으로 이해하게 될 것이다. 그리하여 분주하고 복잡한 하루를 가능성이 넘치는 풍성하고 여유로운 하루로 바꿔놓는 방법을 터득할 것이다.

이 기법을 연습하여 그에 대한 철학적 이해가 깊어지면 당신은 '순간의 달인'이라 불릴 수 있는 경지로 다가가게 될 것이다. 여기서 달인이란 순간을 지배하여 그것을 조종한다는 뜻이 아니다. 그렇다고 순간에 복종하여 그것이 당신을 조종하게 한다는 뜻도 아니다. 그것은 단순히 순간 속에 평화롭게 머물러 있는 것을 뜻한다. 바로 지금 일어나고 있는 일과 당신 사이에 아무런 긴장이 없는 것이다.

나는 이 기법을 강의로, 워크샵으로, 라디오로, 리더십 세미나로, 현장훈련으로 가르쳤고 그것이 사람들에게 얼마나 다양한 도움을 주는지를 보아왔다. 당신이 명상을 처음 해본다면 이 기법은 당신의 현재의 삶에 그대로 적용될 수 있는 단순하고도 단도직입적인 방법을 제공해줄 것이다. 명상을 해봤지만 '실패'했다면, 이 기법은 장기적 성공 대신 단기적인 기회에 초점을 맞추는 새로운 방식을 통해 재도전의 기회를 제공해준다. 자신이 '명상을 하고 있기에는 너무 바쁜 사람'이라고 믿고 있다면 이 기법은 그 핑계를 무색해지게 만들 것이다. ― 누구에게나 손톱만큼의 시간은 있다.

이 책은 초심자를 염두에 두고 썼지만 '고수 초심자'도 염두에 뒀다.(고수 초심자란 언제든지 기꺼이 다시 시작할 각오가 된, '급이 높은' 초심자들이다) 그러니 나는 당신이 명상의 경험이 많은 사람이더라도 이 방법에 대해서도 마음을 열어보기를 빈다. 아마도 당신은 새로운 기운이 들어와서 자신이 알고 있던 명상법을 소생시켜주는 것을, 그 명상법이 마침내 일상의 장애물들 속으로 스며들어가는 것을 발견하게 될 것이다. 그리고 만일 당신이 '생각을 멈추고 얼마나 오래 앉아 있을 수 있는지'(일종의 명상 무용武勇)를 자랑하는 명상의 고수라면 이 방법은 어떤 일이든 — 명상조차도 — 한 순간에 하나씩만 하도록 당신의 마음을 환기시켜줄 것이다.

*

한 순간에 명상을 한다는 것이 과연 가능한 일일까?
많은 사람들이 명상을 일종의 인내심 테스트로 여긴다. 더 오래 고요히 앉아 있을 수 있을수록 더 영적인 사람이 되는 것이다. 또 많은 사람들은 명상을 일상으로부터 멀리 떠나서 아름답고 조용한 은둔처에서 해야만 하는 것으로 믿고 있다. 그들이 이런 믿음을 가지게 된 것은 우리의 영적 유산의 대부분이 속세로부터 출가하여 오랜 세월을 고요한 묵상으로 지내는 승려, 수녀, 수도자, 선지자 등으로부터 전해져 내려왔기 때문이다.

하지만 시대는 변하고 있고 명상에 대한 우리의 이해 또한 변하고 있다. 과학연구는 명상의 효과가 단지 신비하거나 영적이기만 한 것이 아니라 매우 실질적이기도 한 것임을 확인해주고 있다. 심리학 연구와 실험들은 명상이 기분을 좋게 해주고 불안과 우울에서 벗어나게 하고 혈압을 낮춰주며 면역계를 강화시켜주고 낙관적인 태도와 원기를 북돋아준다는 사실을 밝혀냈다.

오늘날은 더 많은 사람들이 명상수행이란 어디서나 ― 교통신호에 막혀 있든지, 아침에 가게 문을 열고 있든지, 기저귀를 갈고 있든지 간에 ― 할 수 있어서 필요할 때 그 효과를 얻어낼 수 있는 것이라야만 한다고 믿고 있다. 또한 오늘날은 많은 사람들이 명상을, 혹은 명상원리를 자신의 인간관계와 부모노릇과 직장생활에도 적용하고 싶어하고, 정치나 사업상의 의사결정과 공적인 대화에도 명상적인 접근법이 더 필요하다고 생각한다. 그야 물론 화난 마음은 빨리 가라앉힐수록 좋고, 그 방법도 간단할수록 좋은 것이다. 그러니 내가 한 순간에 명상을 하는 것이 가능할 뿐만 아니라 꼭 필요하다고 믿는 이유를 말해보겠다.

우리는 모두가 때때로 자신이 '다른' 어떤 시간이나 장소에 가서 평화롭게 지내는 모습을 상상하고 그린다. 미래의 언젠가에 ― 일을 끝낸 저녁에, 주말에, 아이들을 다 키우고 나서, 은퇴한 후에 ― 평화롭게 지내는 모습을 상상하는 것이다. 아니면 다른 어떤 장소에서 ― 교회에서, 공원에서, 한적한 해변에서 ― 평화롭게 지내는 것을 상상한다. 하지만 그럴 때마다 우리는 여기에 있는 이 순간과 만나기에 실패하고 만다. 우리는 자신의 책임을 스스로 면제해준다. 이것은 정말 자기패배적인 미적거림이다. 사실 가장 평화가 필요한 순간은 바로 평화롭기가 가장 힘든 순간이 아닌가 말이다.

또한 평화로운 상태를 얻는 데는 오랜 시간이 걸려서, 그것이 먼 미래에 올 것이라고 생각할 때마다 우리는 '평화롭기' 대신 '평화롭게 되기'에 매여 있는 것이다. 자신을 '원하는' 상태에다 가둬놓고 있는 것이다. 원하는 상태는 그 정의 자체가, '가지고 있는' 상태가 아니다. 그러니 평화로워지기 위해서는 오랜 시간을 명상해야만 한다고 믿는다면 당신은 자신에게 더 많은 스트레스를 주고 있는 것이다. 그것은 공을 앞으로 던져놓고 그것을 받겠다고 뛰는 것과도 같다. 설사 그것을 정말로 받는다고 하더라도 당신은 즉시 그것을 다시 던진다. 다른 한편으로는 제 손안에 공이 없다고 늘 투덜대면서 말이다.

좀더 깊이 들여다보자. 만일 우리의 만족감이 환경에 좌우되는 것이라면 그것은 환경변화 앞에서 취약하다. 삶이 잘 굴러가고 있어야만 만족감을 느낀다면 삶이 잘 굴러가지 않을 때는 만족감을 느낄 수 없을 것이다. 그것은 안정되거나 깊은 어떤 만족감이 아니다. 진정한 만족은 삶의 굴곡을 초월해 있는 무엇이다. 그것은 지금의 삶을 있는 그대로, 불완전한 그대로 포용한다. 달리 말해서 진정으로 평화로워질 수 있는 유일한 길은 지금 일어나고 있는 그대로의 일에 온전히 만족해하는 것이다. ― 심지어 상황이 '평화롭지' 못할 때조차도 말이다.

영적 스승인 크리슈나무르티의 단순명쾌한 표현을 빌자면, 그건 '지금 아니면 영원히 없는' 것이다. 이것은 지금 평화롭지 않으면 영원히 평화롭지 못하리란 뜻이 아니다. 단지, 만족은 공을 미래를 향해 던지지 않을 때만 가능한 것이라는 뜻이다. 그것은 오로지 현재 시제(present tense), 혹은 '긴장 없는' 현재(the present not-tensed)에서만 가능하다.[1] 당신이 진정으로 현재에 존재한다면 당신의 마음은 상황이 지금과 달라지기를 바라는 생각 따위는 품지 않을 것이다. ― 이것이 만족이다.

만족은 현재의 순간 속에서만 찾을 수 있으므로 이것은 곧, 그것이 '시간이 전혀 걸리지 않는' 일임을 뜻한다. 그것은 시간을 두고 일어나지 않는다. 한 순간에 일어난다. 그러니까 평화로워지기 위해서는 은둔 수행을 하거나 직장을 그만두거나 하루에 두 번씩 20분 동안 시간을 내야만 하는 것이 아니다. 평화는 언제나 거기에 있다. 평화는 지금, 지금, 또 지금, 당신이 어디에 있든 상관없이 자신을 당신에게 바치고 있다. 하지만 당신은 다른 일을 하느라 너무 바빠서, 예컨대 평화로워지려고 애쓰느라(아니면 이 책을 읽느라) 바빠서 그것을 알아차리지 못하고 있다.

그러니 나의 접근방식은 그저 단도직입적으로 요점에 다가가는 것이라고 이해해주면 되겠다. 지금 평화로워질 수 있다면, 그리고 그것이 오직 지금만 가능하다면, 거기에 곧바로 가닿을 수도 있을 것이다. 하지만 이 접근법이 다른 명상법, 기도, 자아발견의 길, 혹은 오늘날 시중에서 찾아볼 수 있는 뛰어난 자기계발서나 리더십 안내서 등을 대신하려는 것은 아님을 부디 알아달라. 다만 당신이 어떤 길을 택하든, 어떤 도움을 구하든, 지금 이 순간을 다스리는 법을 터득하지 않는 한 성공의 기회는 한정되리라는 말이다. 하지만 정말 지금 이 순간을 다스릴 줄 알게 되면 당신을 막을 것은 아무것도 없다.

*

이 책이 말하는 것의 핵심은 순간이다. 하지만 한 순간은 너무나 빨리 지나가는 것처럼 보일 수 있고 매우 붙잡기 어렵기 때문에 그것을 발견하기가 어려울 수 있다. 그래서 1부의 '기초 연습'에서 당신은 좀더 손쉬운 1분에서부터 시작하게 될 것이다.(1분은 마치 양쪽에 손잡이가 달린 순간과도 같다. 그건 언제 시작하고 끝나는지를 알 수 있기 때문에 인식하기가 쉽다.) 이 책의 첫 번째 연습인 '1분 명상'을 통해 당신은 단 1분 안에 고요를 경험하는 방법을 배울 것이다.

그다음 2부 '중급 연습'은 '1분 명상법'을 다채롭게 응용하는 법을 가르쳐줄 것이다. 그것은 당신이 어디에 있든지, 어떤 일이 일어나든지, 심지어는 위급한 상황에서조차 얼마든지 활용할 수 있는 유용한 도구가 된다. 3부 '시간 속의 순간'은 좀더 철학적인 내용이다. 여기서는 시간의 본질과 우리의 시간에 대한 인식을 탐사하여 시간이 얼마나 유연해질 수 있는 것인지를 보여준다. 4부 '고급 연습'은 '1분 명상'으로부터 그 시간을 단계적으로 줄여가서 거의 한 순간에도 동일한 효과를 경험할 수 있는 방법을 가르쳐준다. 5부 '순간과의 만남'은 한 순간의 더 깊은 의미를 탐구하고 비범한 순간들의 예를 보여준다. 6부 '최고급 연습'에서 당신은 언제 어디서, 어떤 일을 하고 있든 간에 늘 고요를 경험할 수 있는 방법을 배우게 될 것이다. 7부 '순간의 기적'은 매 순간 속에 담겨 있는 기적과도 같은 잠재력을 뽑아내게 해줄 유연하고도 장난스러운 몇 가지 기법을 가르쳐준다. 그리고 마지막으로 8부 '순간의 통달'에서 당신은 달인의 경지로 가는 마지막의 작은 도약을 위한 과제를 부여받을 것이다.

이 책의 각 장들은 길이는 짧지만 매우 농축된 내용이니 부디 성급하게 한꺼번에 삼키지는 마시라.(만약 그렇게 하면 당신은 소화시키기 어려운 개념들을 한꺼번에 너무 많이 읽을 때 야기되는 영적 소화불량에 걸릴지도 모른다.) 이 책을 읽는 최선의 방법은 천천히 읽는 것이다. 한 장을 읽고, 그것을 곱씹어보고 나서 다시 읽으라. 주어진 연습을 하라. 그것이 생활이 되게 하라. 그것을 다 소화시켜 배가 고파지면 다음 장으로 넘어가라.

하지만 당신은 책을 한 번에 다 읽고 나서 다시 읽기를 선호할 수도 있다. 그것도 좋다. 하지만 너무 성급하게 끝까지 다 읽어버리면 그것을 온전히 다 이해하지 못할 수 있다는 점을 경고한다. 그것은 한 순간을 정의하고 묘사하는 방식이 뒷장으로 갈수록 점점 더 심오해지기 때문이다. 각 장은 당신이 이전 장의 연습을 통해 좀더 변화되었다는 가정하에 쓰였다. 다시 말해서, 이 책의 끝 부분은 '달라진 당신'을 위해 쓰인 것이다.

이 연습들을 열심히 하겠노라는 각오를 진지하게 다지라. 하지만 너무 심각하게 받아들이지는 말라. 그것을 고행이 아니라 놀이로서 대하고, 당신의 삶에 알맞도록 얼마든지 조절하여 맞추라. 무엇이(혹은 언제) 당신에게 효력을 발휘하리라는 단정은 있을 수 없다.

순간의 본질, 그리고 시간의 본질에 관해서는 신비롭고 역설적이고 형언불가능하고 이해하기 힘든 것이 너무나 많다. 당신에게 이 책의 모든 내용이 모두 다 이해되지는 않을 것이다. 때로는 나도 이해할 수가 없다. 그래서 그런 때는 책에서 잠시 손을 떼었다가 시간이 좀 지난 후에 돌아와서 다시 들어가 보고 싶어질 수도 있다. 그러고 나면 그것이 완전히 다르게 느껴질지도 모른다.

단순미를 위해서, 나는 연구결과의 인용이나 종교적인 언어, 도표, 표, 비교문화학적 분석 등은 피했다. 그저 혼자서 연습들을 해보라. 직장을 그만둘 필요도 없고 아기 돌봐줄 사람이나 한적한 오두막을 찾을 필요도 없다. 특별한 옷을 살 필요도 없고 수행일지를 적을 필요도 없다. 모임에 가입하거나 워크샵에 참석하거나 이상한 도구를 구입하거나 사무실을 개조하거나 프로그램을 다운받거나 저자의 웹사이트에서 안내용 DVD를 구입할 필요도 없다. 당신에게 필요한 유일한 것은 지금 여기이다. ― 당신이 있는 바로 여기.

1부

기초 연습

여기서는 순간 명상법의 토대인 기본 1분 명상법을 배우게 될 것이다. 첫 장은 당신에게 이 연습을 소개하고, 다음 장은 당신의 경험과 이해가 깊어지도록 도와줄 것이다.

당신은 여기에, 그러니까 단 1분밖에 걸리지 않는 이 명상법에 왜 이렇게 장황한 설명이 필요하냐고 생각할지도 모른다. 하지만 기본인 1분 명상은 매우 압축된 형태의 명상이므로 한 시간 걸리는 연습에 필요한 것과 동일한 수준의 기술을 요구한다.

이 1분간의 연습은 하면 할수록 거기서 더욱 섬세 미묘한 것들이 발견될 것이다. 예컨대 그 1분 속에는 호흡, 자세 등의 측면들이 있는데, 그게 얼핏 보기에는 간단해 보이지만 시간이 갈수록 더욱 미묘한 흥미를 자아낸다. 처음 배울 때는 당신의 1분이 붐비고 바쁜 것처럼 느껴지지만, 시간이 지나면서 마음이 속도를 늦추기 시작하면 그것은 여전히 1분밖에 걸리지 않지만 한층 더 널찍하고 여유로워진 것처럼 느껴질 것이다.

1분 명상

기본인 1분 명상을 위해서는 1분을 정확히 재어줄 타이머나 자명종 시계가 필요하다.(주방용 타이머가 가장 좋다.) 이 훈련의 후반부에 가면 타이머가 필요 없어질 테지만, 지금은 꼭 필요하다.

아무도 방해하지 않는 장소와 시간도 필요하다. 이 1분을 정말 심오한 무엇을 경험하게 될 시간으로 생각하라. 그것이 단 1분에 지나지 않을지라도 말이다. 가능성에 마음을 열어놓으라. 수피 시인 잘랄루딘 루미Jalal ad-din Muhammad Rumi의 표현을 빌려보자.

네 방 안에 홀로 있는
잠시 동안이

네게 주어질 수 있는
그 무엇보다도

더 귀한 것임을
깨달으리.[2]

현실적인 말로 옮기자면 이 말은, 문을 닫아걸고 전화기를 끄라는 말이다. 이메일 창을 닫고 자동응답기의 볼륨을 낮추란 말이다. 문에다 '1분 후에 돌아옴'이라고 써붙이란 말이다. 달리 말해서, 당신 삶의 '정지 버튼'을 누르라는 말이다. ― 딱 1분 동안. 1분도 기다릴 수 없을 만큼 급한 일은 그리 자주 일어나지 않는다.

이제 혼자만의 1분을 마련했다면 자리에 앉으라. 자세가 축 늘어지지 않도록 의자 끝이나 마루 위의 방석처럼 탄탄한 바닥을 택하는 것이 좋다. 팔걸이나 등받이 등 아무 데도 몸을 기대지 않도록 하라. 이제 당신은 방 안에 홀로 앉은 것이다.

이젠 다리의 자세다. 균형 잡히고 대칭적이고 안정되게 느껴지는 자세를 택하라. 1분 동안 움직이지 않고 유지할 수 있는 자세면 어느 것이든 좋다. 바닥에 앉았다면 책상다리를 해보라. 의자에 앉아 있다면 그저

발바닥을 바닥에 단단히 대든가, 아니면 의자 다리에 다리를 감으라.(발이 공중에 매달려 제멋대로 놀게 하지 말라.) 어떤 자세를 취하든 간에 핵심은 이것이다. — 균형 잡히고 안정되고 고요한 자세로 앉아 있을 때, 당신은 균형 잡히고 안정되고 고요해지기를 연습하고 있는 것이다.

앉았으면 이제는 자세를 곧추세우라. 머리꼭대기가 땅으로부터 위로 당겨지고 있다고 상상하라. 일부러 너무 심하게 하지는 말고 그저 척추가 바로 되도록 부드럽게 하라. 이것은 스트레칭처럼 느껴질 수도 있지만 이렇게 생각하라. — 지구상에 있는 한 우리는 중력에 의해 아래로 당겨지고 있으니 위로 들어 올리려면 약간의 결심이 필요한 것이다. 이것은 점차로 제2의 천성이 될 것이다. 당신은 세상의 무게를 벗어버리게 될 것이다. 그것을 우주의 인력이라고 생각하라.

자리를 잡았으면 이제는 편안히 이완하라. 이 자세에 익숙해져갈수

록 머리는 위로 올라가고 다른 모든 것은 편안해진다. 오장육부는 제자리로 돌아가고 폐는 활동하기에 좀더 여유로운 공간을 확보한다.

이제 자명종 시계를 정확히 1분에 맞추라. 1분밖에 안 되는데 자명종을 맞춘다는 게 우습게 생각될지도 모르지만 이건 정말 필요하다. 자명종은 당신이 시간에 신경을 쓰지 않아도 되게 해주고 잡념에 빨려들어 정신 없이 헤매지 않게 해준다. 시계를 가끔씩 보면서 1분 명상을 할 수 있으리라고는 생각도 하지 말라. 이 1분 동안만은 시간 재는 일에서 완전히 신경을 끌 수 있어야만 하고, 그러기 위해서는 자명종이 꼭 필요하다.

시계를 1분보다 길게 맞춰놓고 싶은 유혹이 들지도 모른다. 오래 할수록 더 좋으리라는 이론 때문에 말이다. 제발 그러지 말라. 이 연습은 당신이 정말로 딱 1분 안에 진정한 평화를 맛볼 수 있다는 사실을 확인하기 위한 것이다. 그러니 1분보다 길게 앉아 있으면 당신은 핵심을 놓친 것이다.

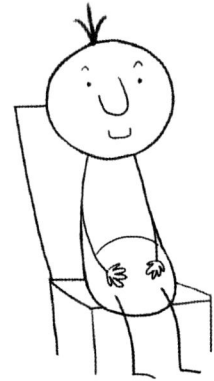

    이번엔 손이다. 대부분의 시간 동안 당신의 손은 무엇을 표현하거나 일하느라 매우 바쁘다. 종종은 당신도 의식하지 못하는 가운데 말이다. 하지만 1분 명상에서는 모든 에너지를 한 곳에만 집중시키고자 한다. 그러니 양손을 양 무릎 위에 얹거나 두 손을 겹쳐 놓도록 하라. 다양한 방법이 있지만 가장 중요한 것은 다리와 마찬가지로 양손이 서로 대칭적으로 균형 있게 놓여 움직이지 않게 하는 것이다.

　이제 눈을 감으라. 코로 숨을 부드럽게 들이쉬고 내쉬라. 감기에 걸렸거나 불편하게 느껴진다면 입으로 숨쉬어도 좋다. 들이쉬는 숨과 내쉬는 숨의 길이가 서로 달라도 상관없다. 중요한 것은 늘 하듯이 단지 숨을 들이쉬었다 내쉬고 다시 들이쉬고 하기를 계속하는 것뿐이다.

　이제 모든 주의를 호흡에다 두라. 어떤 사람들은 '주의(attention)를 둔다'는 생각만 해도 뻣뻣해진다. 마치 군대의 교관이 "차렷(attention), 주목!" 하고 외치는 소리를 듣기나 한 듯이 말이다. 이것은 1분 명상을 위해서는 좋은 태도가 아니다. 이것은 즉각 마음의 갈등과 두려움을 불러일으킬 뿐, 평화와는 거리가 멀기 때문이다. 그러니 좀더 부드럽게 표현하자면, '호흡에 마음을 집중하라'는 말이다.

　하지만 이것도 문제가 한 가지 있다. '호흡에 집중하라'는 말은 '일거리'와, 그리고 그것이 실패할 가능성도 있다는 것을 암시하기 때문에 그리 좋은 표현이 아니다. 이것은 또 마음과 호흡을 떼놓아서 마음은 여기 있고 호흡은 저기 있는 것처럼 만들어놓는다. 이런 가정하에서는 '당신의 전부'가 오롯이 한 순간 한 곳에 있는 그런 체험을 결코 할 수 없을 것이다.

그러니 '호흡 속으로 마음을 떨어뜨리라'거나, '호흡 속에 마음이 머물게 하라'거나, '자신이 호흡 속으로 잠기게 하라'거나, 내가 좋아하는 표현으로는, '마음을 호흡 속으로 가라앉히라'고 하는 편이 낫겠다. 어느 쪽이든 당신에게 맞는 표현을 고르라.

이제 호흡에 대해서 한마디만 하겠다. 살아 있는 한 당신은 호흡을 한다. 몸은 돌아다니고 마음은 이리저리 방황하더라도 호흡은 늘 당신이 있는 그 자리, 거기에 있다. 그러니 1분 명상을 한다는 것은, 그저 항상 거기에 있는 그것 속으로 마음을 가라앉혀보기로 선택하는 것이다.

라틴어로 호흡은 'spiritus'다. 이 단어로부터 영(spirit), 영감을 주다(inspire), 영감(inspiration), 이런 말들이 파생됐다. 이것은 호흡에 매우 영적인 뭔가가 담겨 있음을 암시한다. 그리고 실제로 요가와 같은 많은 수행법들은 호흡의 영적인 측면을 깊이 파고든다. 그러나 1분 명상에서는 영적인 면에 대해서는 생각하지 않는 게 좋다. 아무것도 생각지 말라. 그저 모든 주의를 기울여서 당신의 호흡 속에 머물라. 자명종이 울릴 때까지 오로지 이것을, 이것만을 하라.

이 연습은 1분밖에 걸리지 않으니 그 시간을 최대한 활용하도록 하라. 하지만 아무리 각오를 단단히 한다고 해도 당신은 이 1분이라는 짧은 시간 속에서조차도 어느 틈에 집중력을 잃고 호흡을 까맣게 의식하지 못하고 있게 될 것이다. 온갖 생각이 다 떠오를 것이다.

'내가 정말 이렇게 산만한 사람인가?' 그렇다. 우리 모두가 그렇다. 괘념하지 말라. 마음이 흐트러진 것을 깨달을 때 자신을 책망하지도 말고 그에 대해서 자꾸 생각하지도 말라. 그저 '으흠' 하고 다시 마음을 호흡 속으로 가라앉히라. 1분 안에도 이런 일이 여러 번 일어날 것이다. 하지만 자명종이 울릴 때까지 그저 호흡으로 되돌아오기만을 계속 반복하라. 자명종이 울리면 임무는 완료된 것이다.

1분 명상을 하루에 여러 번 하는 것은 아무런 문제가 없다. 중요한 것은, 하루 일과의 중심으로서, 날마다 최소한 한 번씩은 1분 명상을 하기로 결심하는 것이다. 하지만 행여나 패배감에 사로잡히지도 말라. 무수히 결심했다가도 지키지 못하면 우리는 자신이 실패했다고 느낀다. 그리고 그 패배감은 우리의 사기를 좀먹어서 다음번에는 열성이 좀 사그라진 채 다시 시도하게 만든다.

1분 명상은 전혀 그런 종류의 것이 아니다. 무엇보다도, 이건 1분밖에 걸리지 않으므로 아마도 당신은 이것을 날마다 해낼 수 있을 것이다. 둘째로, 하루 이틀쯤 빼먹는다고 해도 문제없다. 왜냐하면 이 1분의 시간은 누적되는 것이 아니기 때문이다. 이것은 칼로리를 계산하는 것도 아니고 달리기나 판매 목표 달성하기도 아니다. 또 한 번 못 참으면 1년이 미뤄지는 담배 끊기 같은 것도 아니다. 1분 명상에는 하루 빼먹으면 처음으로 돌아가서 다시 시작해야만 하는 그런 룰 같은 것도 없다. 왜냐하면 1분 명상은 할 때마다 마치 처음 하는 것처럼 새롭게 시작해야만 하기 때문이다. (이것은 하면 할수록 당신을 처음부터 새로 시작하기에 숙달되게 해준다.)

그러니 1분 명상을 날마다 할 수 있게 되었다고 하더라도, 할 때마다 그것을 처음 하는 것처럼 생각하라. 모든 1분을 새로운 출발로 여기고 열린 마음으로 다가가라. 오늘 시간이 있거든 그저 한 번 해보라. 다음날에도 시간이 있다면 그냥 한 번 해보라. 아니, 사실은, 지금 당장 해보라.

1분 명상

1 혼자 있을 장소를 확보하라.
2 자리에 앉으라.
3 다리를 편안하고 고정된 자세로 놓으라.
4 척추를 세우라.
5 자명종 시계를 정확히 1분에 맞추라.
6 양손을 편안하고 고정된 자세로 놓으라.
7 눈을 감으라.
8 마음을 호흡 속으로 가라앉히라.
9 자명종이 울면 마치라.

1분에 대한 이해

내가 담배를 배웠을 때 가장 좋았던 점은, 그것이 날마다 여러 번씩이나 짤막한 휴식시간을 제공해준다는 것이었다. 한참 때는 하루에 스무 번이나 쉬는 시간을 갖기도 했었다. 흡연은 빈둥거리기엔 아주 안성맞춤의 핑곗거리가 돼주었다. 다른 일을 하면서 담배를 피울 때조차 담배에 불을 붙이고 깊이 한 모금 빨기 위해 하던 일에서 주의를 돌릴 때, 거기에는 최소한 한 순간의 고요가 있었다. 좀 괴이하긴 해도, 그것은 명상적인 경험이었다. 오늘날 담배를 끊어야 했던 사람들은 다른 사람들과 마찬가지 신세가 되어 쉬는 시간 없이 하루 온 종일을 줄곧 내달려야 한다. 1분 명상은 담배 피우는 시간과도 약간 비슷하다. — 비록 담배는 없지만.

1분 명상은 당신으로 하여금 '그냥 있기(just being)'라는 깊은 체험을 가질 수 있게 해주는 프로그램이다. 1분 명상은 이것, 혹은 저것이 되기 위한 시간이 아니다. 어떤 결정을 내리거나 살아갈 길을 도모하는 시간도 아니다. 그것은 골머리를 싸매는 그런 시간이 아니다. 이 계획된 1분간 당신은 뭔가를 '하는' 이 모든 일 — 일상의 분주한 활동 — 대신에 다분히 의도적으로 '그냥 있는다.' 그것은 '유보 상태'와도 같다. 딱 1분간 모든 일이 멈춰지는 것이다. 당신은 시간 밖으로 나와서 자신의 삶에 원기를 재충전시킨다.

하지만 1분 명상은 단지 '하기'를 멈추는 것만이 아니다. 그것은 또

한 '당신이기를' 멈추는 것이다. 오해하지 말라. '당신인' 것이 잘못됐다는 게 아니다. 하지만 그렇게 있으려면 분명히 많은 노력이 들어간다. 그러니까 당신은 가끔씩 자기 자신으로부터 나와서 쉬는 시간을 가질 자격이 있다.

이제 처음으로 1분 명상을 해보면 그게 그리 대단한 것이 아니라는 것을 알게 될 수도 있다. 하지만 그것을 깊은 평화의 우물물을 파기 위한 계심봉計深棒이라고 생각하라. 1분 속으로 더 깊이 이완해 들어갈수록, 그 1분에 자신을 더 온전히 내맡길수록, 당신은 거기서 더 많은 평화를 발견할 것이다. 한 방울밖에 못 얻는 날도 있을 것이다. 그래도 당신은 여전히 끝없이 깊은 우물의 물을 길어올리고 있는 것이다.

1분 명상을 연습하는 중에 시간에 관한 흥미로운 사실을 깨닫게 될 수도 있다. 걱정거리가 있거나 빨리 일로 돌아가야 할 때는 1분이 참을 수 없도록 길게 느껴지는 것이다. 아니면 1분이 너무 빨리 지나가버려서 좀더 오래 있고 싶어질 수도 있다. 때로는 마음이 얼마나 복잡하고 분주할 수 있는지를 깨닫고 놀랄 것이다. 아무튼 당신은 1분이라는 정확히 한정된 시간 속에서도 일종의 무한을 경험하게 될지도 모른다. 시계 위의 1분이라는 시간 안에 무한한 시간이 펼쳐지는 것이다.

1분 명상은 오늘날 가르쳐지고 있는 자기계발 프로그램의 방식들과는 사뭇 다르다. 그러니 몇 가지만 더 짚고 넘어가도록 하자. 1분 명상은 긍정적 사고의 힘에 관한 것이 아니다. 원하는 현실이나 자아상을 창조하는 방법도 아니다. 성공에 관한 것 또한 아니다. 의도와 관련된 것도 아니다. 의도로부터 벗어나서 잠시 쉬고자 하는 의도만 빼고는 말이다. 사실 1분 명상을 규칙적으로 연습하면, 자신을 더 좋아하고 매사를 더 긍정적으로 생각하게 된 것을 발견할지도 모른다. 실제로 원하던 것을 얻거나, 아니면 최소한 자신이 현재 가지고 있는 것을 좋아하게 될지도 모른다. 자신이 더 성공적이라고 느끼기 시작하거나 자신의 의도가 더 분명해지고 세상과 조화를 이루고 있다고 느끼게 될지도 모른다. 하지만 1분 명상은 어떤 것에 '관한' 것도, 어떤 것을 '위한' 것도 아니라는 사실을 명심하라. 사실, 1분 명상은 '아무것도' 아니다. 그것은 무無다. 그것은 무無로 채워진 1분이다. 그것이 그토록 안도감을 주는 이유는 그 때문이다.

다음 장으로 넘어가기 전에 1분 명상을 하라.

시간과 장소

때가 되면 당신은 언제 어디서든, 다양한 장소와 다양한 시간에 1분 명상의 혜택을 누릴 수 있는 방법을 배우게 될 것이다. 하지만 당분간은 특정한 시간과 장소를 택하는 것이 낫다. 그것을 날마다 1분 명상을 연습할 시공간이라고 부르기로 하자. (당신이 자주 여행하는 사람이어서 같은 시간과 장소에 있는 일이 거의 없는 사람이라면 상황에 맞춰서 해도 상관없다.)

대부분의 사람들은 명상이나 기도를 위해서 집 안에 특별한 장소를 마련하거나 신성하다고 여기는 외부의 특정 장소를 찾아간다. 하지만 1분 명상을 위해서는 이런 것이 필요 없다. 아주 일상적인 시공간도 적합한 곳이 많다. 이 장에서는 당신이 시도해볼 수 있는 시공간을 추천해주고 그 차이점들에 대해 논할 것이다.

일어나기 전 / 잠들기 전

침대에서 일어나기 전에 — 하루의 긴장과 스트레스에 사로잡히기 전에 — 1분 명상을 하는 것은 하루를 정말 상쾌하게 시작하기에 딱 안성맞춤인 방법이다. 잠들기 전에 — 하루종일 긴장과 스트레스에 짓눌린 후에 — 1분 명상을 하는 것은 마음을 청소하고 하루를 상큼하게 마무리하기에 딱 안성맞춤인 방법이다.

자연 속에서

대부분의 사람들이 자연 속에서는 마음이 쉽게 차분해지는 것을 발견한다. 그러니 공원이나 뒷밭이나 정원, 농장, 숲, 아니면 한 그루의 나무 밑에라도 가게 된다면 어떻게든 1분 명상을 하도록 해보라. 그렇다고 해서 명상을 해야만 하겠다고 강박적으로 고집을 부리지는 말고 말이다. 1분 명상은 혼자 있을 수 있는 어떤 곳에서든 할 수 있으니까.

뉴욕에 사는 나의 친구 엘리제 쏘론이 한번은 아일랜드의 수도 더블린에서 중심가에 있는 성 스테판 녹지공원을 향해 걸어가고 있었다. 직장인들의 점심시간인 1시가 되기 10분 전인 오후 12시 50분이었다. 한 노신사가 매우 황급한 걸음으로 그녀를 지나갔다. 당시는 모든 게 매우 느리게 돌아가던 1991년이어서 누구든 급하게 서둘면 눈에 확 띄던 시절이었다. 엘리제는 무슨 일이 벌어졌는지 궁금했다. 몇 분 후에 공원에 들어선 그녀는 그 남자와 다시 마주쳤다. 그는 특별히 아름다운 장소에 놓인 벤치에 앉아 평화롭게 점심을 먹으면서 신문을 읽고 있었다. 그는 편안히 쉬기 위해서 그토록 서둘렀던 것이다. 그 특별한 자리를 차지하기 위해서 말이다.

이 남자와 마찬가지로, 많은 사람들이 평화로워지기 위해서는 특별히 평화롭거나 아름다운 장소를 확보해야만 한다고 믿고 있다. '완벽한 장소' 말이다. 이것은 흔한 오해다. 우리는 아이들이 없는 곳이나 한적한 교외, 혹은 인적 없는 섬이나 '저기'와 같은 완벽한 장소의 벤치에 가서 앉아야만 마음이 평화로워질 수 있다고 생각한다. 물론 평화로운 환경이 마음을 평화롭게 만들어주는 것은 사실이다. 그러나 평화로운 사람들은 어디를 가든지 평화를 퍼뜨리며, 어디에 있든지 늘 평화로워질 수 있다는 것 또한 사실이다. 그러니 평화와 연관짓기 어려운 장소에서 1분 명상을 시도해보는 것도 괜찮다.

예컨대,

직장에서

출근하면 당신은 날마다 여러 가지 자잘한 의식을 치른다. 컴퓨터를 켠다든지, 커피를 한 잔 탄다든지, 이메일 함을 열어본다든지, 화분에 물을 준다든지 말이다. 1분 명상을 이것들 외의 또 한 가지 의식으로 여겨보라. 개인사무실이 있다면 하루를 1분 명상으로 시작하는 것은 아주 쉬운 일일 것이다. 하루의 절반을 보낸 기념으로 점심시간에 1분 명상 시간을 가질 수도 있다. 아니면 하루 일을 마무리하는 의미에서 일과를 마친 후에 1분 명상을 할 수도 있다.

개인사무실이 없다면 창고나 빈 회의실에서 시도해보라. 그것도 불가능하다면 화장실에서 할 것을 권한다. 농담이 아니라 정말이다. 이미 많은 사람들이, 쉬고 싶은데 다른 핑계를 찾지 못할 때 화장실을 찾는다. 그리고 많은 사람들이 거기서 덤으로 몇 분의 시간을 더 보내곤 한다. 우리가 아직도 '혼자서' 하기를 고집하는 몇 안 되는 활동 중의 하나가 변기에 앉아 있는 일이다. 그리고 이에 대해서는 아무도 토를 달지 않는다. 그러니 어떻게든 간에 변기에 앉아 있을 때 1분 명상을 시도해보라. (당신은 또 '멋진' 변기를 찾아 헤맬지도 모르지만.)

자동차 안에서

자동차에 시동을 걸기 전이나 엔진을 워밍업하는 동안에도 1분 명상을 할 수 있다. 아니면 출근길이나 약속 장소로 가는 길에 잠시 차를 길가에 대놓을 수도 있다. 물론 당신이 차 안에서 아무것도 안 하고 앉아 있는 모습을 보면 경비원이 의심을 품거나 착한 사마리아인이 다가와 별일 없느냐고 물어볼지도 모르지만 말이다. 그저 아무 일 없고 단지 1분 동안만 쉬고 싶어서 그런다고 말하라.

이제 1분 명상을 할 시간과 장소를 생각해보라.
당신이 평소에 이용할 수 있는, 현실적인 시공간을 골라보라.
기존의 일과 속에서 틈새 시간이나 좀더 벌어낼 수 있는 시간을 찾아보라.
거기서 1분 명상을 하라.

혜택 (당신의)

1분 명상을 규칙적으로 하다 보면 아무리 바빠도 하루 중에 1분을 빼돌릴 수 있는 시간은 많이 있다는 것을 알게 될 것이다. 이런 기회를 알아차리는 것은 시간과 당신 사이의 관계에 변화를 가져올 것이다. 왜냐하면 그것을 그저 알아차리기만 해도 그 순간 당신의 마음은 아무리 미세하더라도 움직임을 멈추고 있기 때문이다. 정신없이 분주하게 헤매던 움직임을 말이다.

1분 명상을 연습하다 보면 자신이 더 자주, 더 깊이 '그 속으로 떨어지고' 있는 것을 발견하게 될 것이다. 일상의 걱정거리로부터 자신을 떼내어 잠시 호흡 속으로 빠져드는 것이 점점 더 쉬워지는 것을 발견할 것이다. 당신은 '고요', 혹은 '평화'라 부를 수 있는 어떤 것을 맛보기 시작할 것이다. 하지만 이것은 실제로는 형언할 수 없는 그것을 가리키는, 한갓 말일 뿐이다. 1분 명상 속에서는 모든 단어와 문장이 사라진다. 아무리 잠깐 동안이라도 시간을 시간 밖으로 데려갈 때 얻을 수 있는 이 혜택은 일일이 상상하기가 어렵다. 실제로 해보면 조금씩 드러날 것이다. 이 장에서는 몇 가지 예만 들어보겠다.

1분 명상의 가장 분명한 혜택은 즉석에서 스트레스를 덜 수 있다는 점이다. 스트레스는 특히 고혈압이나 면역체계 장애와 같은, 온갖 의학적 질환 속에 숨어 있다. 1분 명상을 하는 동안에는 생각하는 마음이 풀어지고 감정이 덜 날뛰고 호흡이 깊고 느려지며 맥박수도 떨어진다. 척추를 곧추세워 앉아 있지만 긴장은 풀리고 있다. 이것이 당신의 스트레스를 당장에 모두 날려버려 주지는 않을지라도, 이것은 시작일 뿐이다. 이런 식으로 딱 1분간을 쉬는 것은 많은 사람들에게 급격한 변화를 가져다줄 수 있다. 1분 명상을 할 때마다 당신은 또한 누구보다 자신에게 신호를 보내고 있다. 당신이 최소한 가끔씩은 모든 일을 멈추고 쉬고 싶어한다는 사실을 말이다. 하지만 이건 약과다.

1분 명상은 또 '감성지능'을 높여줄 수 있다. 다니엘 골만Daniel Goleman은 자신의 책 《감성지능(Emotional Intelligence)》에서 감성지능이 '지적 지능(mental intelligence)', 곧 지능지수(IQ)보다도 사회적 성공을 위해 더 중요하다는 것을 보여주었다. 감성지능이 높은 사람은 자신과 상대방의 감정을 알아차리고 존중할 줄 아는 능력을 지니고 있고, 또 자신의 감정을 위에서 굽어볼 수도, 아니면 최소한 필요할 때는 그 감정에서 벗어나올 수도 있다는 것이다. 2부에서 우리는 감정적으로 격앙된 상황에서 이용할 수 있는 1분 명상 응용법들을 살펴볼 것이다. 하지만 당분간은 1분 명상이 자제력을 잃고 있을 때 자신을 가눌 수 있게 해주고, 서두르고 있을 때 진정시켜주고, 경황이 없을 때 침착성을 되찾게 해준다고만 해두자.

1분 명상을 하면 당신은 또 습관적이고 자동적인 모든 사고패턴을 극복할 수 있게 된다. 자신이 무의식적으로 생각하거나 믿고 있는 것으로부터 자신을 떼놓을 수 있게 되는 것이다. 그것은 자신의 인식의 감옥을 부수고 나오는 것과도 같다. 해방을 맛보고 싶다면 이것이야말로 당신이 찾고 있는 그것이다. 물론 해방되고 나면 당신이 원하는 대로 어떤 생각이든 믿음이든 골라잡을 수 있다. 자신에게 정말 중요한 것이라면 무엇이든 마음대로 긍정할 수 있다. 이제는 강요당하는 느낌이 없으므로 당신의 선택은 더 진정성이 있다.

1분 명상은 또 집중하고 몰입하는 법을 터득하게 해준다. 그것은 당신의 마음을 간추려 조율해준다. 1분 명상에서 당신은 자신이 택한 대상(이 경우엔 호흡)으로 마음을 데려가기로 선택하고 있는 것이다. 그 방법을 터득하고 나면 당신은 마음을 어떤 것에든지 데려다놓을 수 있다.

1분 명상은 또 시간 관리에 도움이 된다. 당신은 일이 잘 되지 않을 때 그것을 스스로 알아차리고, 더 자주 휴식의 기회를 찾아낼 줄 알게 된다. 그리고 그 휴식시간에 할 일을 갖게 된다. 그것은 빈둥빈둥 시간만 보내는 일이 아니라 기운을 재충전하는 일이다. (아무것도 '하지' 않는다는 면에서 보자면 매우 '비생산적'인 일이지만.) 나중에 알게 되겠지만, 이것은 '일(busyness)'과 '시간'이란 것에 대한 당신의 인식을 완전히 바꿔놓을 수 있다. 시간은 더 이상 문젯거리가 되지 않는다. 왜냐하면 당신은 그 안에서 더 많은 여유공간을 찾아냈기 때문에.

1분 명상은 또 좀더 깨어서 살도록 도와준다. 습관적인 자아로부터 벗어날 수 있게 되면 충동적이거나 강요된 일을 덜 하게 된다. 필요하지 않은 물건을 덜 사고, 마음에 없는 말을 덜 하고, 하고 싶지 않은 일에 덜 관여하게 된다. 군중심리에 덜 휘둘린다.

1분 명상은 또 의사결정을 더 잘 할 수 있게 해준다. 원한다면 마음을 비워서 새로운 아이디어를 찾아낼 기회를 마련하고, 다른 관점을 경청

하고, 자신이 추구하는 가치와 목표를 분명히 할 수 있게 된다. 1분 명상은 자잘한 불운이나, 심지어는 심각한 사고도 피할 수 있게 해준다. 왜냐하면 자신이 스트레스를 받거나 균형감각을 잃을 때 그것을 알아차려서 얼른 자신을 추스를 수 있게 되기 때문이다.

 1분 명상이 줄 수 있는 가장 큰 혜택은 아마도 가장 단순한 이것일 것이다. ─ 그것은 깨어 있는 의식을 되찾을 기회를 제공한다. 하루가 지나고 나면 ─ 한평생이 지나간 후에는 말할 것도 없고 ─ 당신의 마음은 좀 흐트러져 있기 쉽다. 컴퓨터든 집이든 몸이든 간에 정상적인 기능을 하려면 모두가 관리와 정비를 필요로 하듯이, 마음도 마찬가지다. 그런데 당신은 하루에 단 1분만으로도 마음의 오류를 잡아내고 환경을 정리하여 성능을 부쩍 향상시켜놓을 수 있게 되는 것이다. 과거로부터 비롯된 제약적인 시야를 제거하고 지금의 무한한 가능성을 발견해낼 수 있는 것이다.

이 단계에서 당신이 마주칠 가장 큰 난관은 이토록 단순하고 짧은 일이 그토록 많은 혜택을 가져다줄 수 있다고 믿는 일이다. 하지만 1분 명상은 당신이 그것을 더 신뢰하고 더 열성적으로 투신할수록 더 많은 혜택을 줄 것이다. 그저 성실하게 하루에 한 번씩 1분 명상을 하라. 그러면 처음에는 작은 것으로부터 시작된 혜택이 나날이 더욱 깊어지고 크게 불어나는 것을 목격하게 될 것이다. 1분 명상은 서로 조금씩 조금씩 공명하기 시작하여 서로 증폭되고, 그리하여 결국은 평화가 당신 삶의 배경음악이 될 것이다.

지금 1분 명상을 하라.

혜택 (나머지 모든 사람의)

1분 명상은 당신에게만 좋은 것이 아니다. 그것은 다른 사람들을 위해서도 좋다. 심지어 그것은 이타주의의 실천으로 볼 수도 있다. 1분 명상을 하면 주변 사람들은 당신을 더 차분하고 참을성 있고 성급하게 넘겨짚어 달려들지 않는 사람으로 느끼게 될 것이다. 당신은 자신이 정말로 하고 싶은 일이 뭔지를 더 잘 알게 되어, 엉뚱한 일을 벌이거나 충동적으로 행동하여 혼란을 일으키지 않게 될 것이다. 당신은 단지 결단력 있게 '보이기' 위해 행동하는 것이 아니라 더 건실한 바탕 위에서 분명하고 확고하게 행동하게 될 것이다. 당신은 사물을 더 선명하게 통찰할 수 있게 되므로 더 나은 아이디어와 제안을 낼 수 있다. 당신은 여유가 생겨서 다른 사람들을 더 많이 도와줄 수 있다. 달리 말하자면, 당신은 혼란 대신 차분한 분위기를 형성해낸다. 그리고 아마도 가장 중요한 것으로는, 당신은 사람들을 있는 그대로 바라보고 있는 그대로 받아들인다. 당신은 다른 사람들을 더 선명하게 바라본다. 왜냐하면 당신은 날마다 1분 동안 자신의 렌즈를 닦아서 맑게 청소하기 때문이다.

1분 명상을 규칙적으로 연습하면 특별한 노력을 하지 않아도 이 모든 혜택들이 저절로 나타날 것이다. 그냥 당신 주변의 사람들이 이런 일들이 일어나는 것을 알아차리기 시작할 것이다. 자신이 그렇게 하고 있었는지를 스스로도 모르고 있던 일을, 그들이 가리키면서 고마움을 표하기 시작할 것이다. 그들은 이런 말을 할 것이다. ─ "당신이 있어서 좋아요." "당신은 존재 자체만으로도 도움이 돼요." "당신이 우리 팀이 되었으면 좋겠어요."

그러면 당신은 그들에게 당신이 1분 명상을 하고 있다고 말하고 싶을지도 모른다. 그러면 그들이 나서서 당신이 갈 길을 가도록 도와줄 것이다. 당신이 마음의 중심을 잃거나 스트레스를 받고 있을 때, 그들이 이렇게 말해줄 수 있을 것이다. "1분 명상을 하셔야 할 때가 된 것 같네요."

지금 1분 명상을 연습하라.

흔히 부딪히는 문제

1분 명상을 위해 시간을 내기로 처음 결심할 때, 갑자기 그러지 말아야 할 온갖 이유와 핑계가 떠올라올 수도 있다. 이 급진적인 새로운 모험 때문에 당신의 일상적인 생활방식이 위협을 받으면 그것이 당신을 저지하려고 나서기 때문이다. 심리학자들은 이것을 '저항'이라고 부르는데, 당신도 그런 것을 경험할 가능성이 얼마든지 있다. 저항은 대개, 정말 하고 싶거나 해야만 할 일을 '하지 말아야 할', 그럴싸한 이유와 핑계들의 공습 형태를 띠고 나타난다. 사실이지, 하필 우리가 평화의 문턱에 다다를 때마다 지옥의 온갖 마장魔障이 풀려나오곤 하는 것만 같다.

잠시 휴식을 취하는 것을 못하도록 훼방하는 가장 흔한 '이유' 중의 하나는 너무 바쁘다는 것이다. 글쎄, 사람들이 하루에 1분간의 짬을 내지도 못할 정도로 정말 바쁘지는 않았으면 좋겠다. 1분 명상의 요점은, 딱 1분 만에 그보다 훨씬 더 긴 휴식이 가져다줄 효과의 일부를 얻어낼 수 있다는 데 있다. 하지만 당신이 하루에 1분조차도 너무 길다고 느낀다면, 기억해두라. ― 앞으로 하게 될 연습에서는 그보다도 더 짧은 시간에 똑같은 효과를 얻어내는 비법을 배우게 되리라는 것을.

또 한 가지 흔한 형태의 저항은 어딘가 쑥스러운 기분이다. 어떤 사람들은 상사나 친구들이나 자녀에게 "여기서 잠시 1분만 쉬어야겠다"고 말하기가 힘듦을 깨닫는다. 그것이 나약함의 상징처럼 느껴지는 것이다. 만일 그게 바로 당신이라면 어떤 방법을 쓰든 '아무도 몰래' 1분 명상을 하라. 다만 나중에 마음이 내키게 되면, "나는 1분 명상을 하는 사람이요" 하고 커밍아웃할 생각을 하라. "나는 가끔씩 약간의 시간이 필요한 사람"이라고 공언할 생각을 하고 있으라. 당신과 같은 사람들이 또 (많이) 있다는 사실을 깨닫게 될지도 모른다.

때로는 저항이 허풍의 형태를 띠기도 한다. 이런 식이다. ─ "내가 1분을 쉬고 있으면 세상이 돌아가지 않을 거야." 혹은, "난 너무 중요한 사람이라서 1분도 빠지면 안 돼." 예컨대 당신이 비행기를 혼자서 조종하고 있다면 이건 사실일 것이다. 하지만 대부분의 경우 이건 터무니없는 주장이다. 사실은 아마도 그 반대가 참일 것이다. ─ 정말로 당신이 상황 속의 핵심인물이라서 1분도 자리를 뜰 수가 없다고 믿고 있다면, 그것은 당신이야말로 1분간의 명상이 절실히 필요하고, 다른 모든 사람들도 당신이 그러기를 바라고 있다는 매우 분명한 증거일 것이다.

저항의 또 다른 흔한 형태는 죄책감이다. 많은 사람들이 세상으로부터 주의를 떼내는 것에 죄책감을 느낀다. 그것이 이기적인 짓이기나 한 듯이 말이다. 하지만 우리가 사치스러운 휴가여행을 다녀오고 큰 자동차나 텔레비전을 살 때는 이기적이라는 느낌을 별로 느끼지 않으면서, 자신을 위해 아주 작은 시간 ─ 하루에 단 1분 ─ 을 내어 '아무것도 하지 않고 있는' 이 일에는 이기적이라고 느끼는 것이 참 이상하지 않은가? 당신이 이런 생각 때문에 괴로워하고 있다면 내가 앞서 했던 말을 기억하라. ─ 사실 1분 명상은 '이타적인 행위'임을 말이다. 당신은 평화로워짐으로써 다른 이들을 이롭게 할 뿐만 아니라 좋은 행실로써 타의 모범이 되고 있는 것이다. 기초 연습의 목적 중 하나는, 이 평화로운 마음이 당신의 삶에서 1분을 떼낼 만한 가치가 있는 무엇임을 깨닫게 하는 것이다.

1분 명상을 하려다가 현실적인 문제에 부딪히게 될 수도 있다. 가장 대표적인 것은, 정말 조용한 장소를 찾을 수가 없는 경우다. 사실을 직시하자. ─ 어떤 장소도 절대적으로 고요하지는 않다. 그리고 원하기만 한다면 마음은 당신을 산란시킬 거리를 얼마든지 찾아낼 수 있다. 그러니 조용한 장소를 찾으려고 '애써보는' 것만으로 충분하다. 완벽하게 고요한 장소를 찾아내려고 너무 매달리지 말라. 주변의 소음을 받아들이고, 거기에 주의가 빼앗기지 않도록만 노력하라. 주변의 소음에도 불구하고 호흡에다 주의를 두는 법을 터득하라.

내 친구 랜디는 주변에서 들리는 모든 소리에 귀를 기울이며 즐기는 작곡가다. 그는 자동차 엔진 소리, 문이나 마룻장이 삐걱거리는 소리 등 세상의 소리를 녹음하여 자신의 곡에 섞어 넣는다. 그의 할머니 말대로, 랜디의 귀에는 "소음이 아니라 오로지 음악만이" 들린다. 이 점에서는 랜디도 달인인 셈이다.

잊지 말고 신경 써야 할 가장 중요한 일은, 당신을 찾는 사람 때문에 명상에 방해받지 않도록 하는 것이다. 하지만 실제로 방해를 받게 되더라도 화를 내지는 않도록 하라. 언젠가는 당신도 마침내 (마음이 도무지 흔들리지 않아서) '방해할 수 없는' 사람이 되어 있을 것이다. 한편 실제로 방해를 받아서 1분 명상을 멈춰야만 하게 된다면 나머지 시간을 그냥 상황에게 넘겨주라. 일어나고 있는 일을 점잖게 받아들인 다음, 눈을 뜨고 계속 호흡하라.

또 한 가지 흔한 문제는 피곤이다. 많은 사람들이 수면부족을 겪고 있기 때문이다. 우리는 '계속 돌아가고' 있어서, 멈추면 잠에 빠진다. 1분 명상은 편안한 것일 수 있지만 잠에 빠질 정도로 편안해지기 위한 것은 아니다. 사실 그것은 일종의 이완된 경각상태, 잠과는 매우 다른, 평화롭게 깨어 있는 상태이다. 그러니 1분 동안은 깨어 있도록 애쓰라. 그게 안 된다면 아마 당신은 낮잠을 자거나 좀더 일찍 잠자리에 들 필요가 있을 것이다.

때로는 호흡 가운데 머무는 것이 어려울 때도 있을 것이다. 마음이 의심과 혼란과 잡념과 부정적인 생각과 계획으로 가득 차 있어서 이걸 1분 동안만도 도무지 내려놓을 수가 없는 것이다. 하지만 이럴 때조차도 그냥 거기에 그렇게 앉아 있는 것 자체가 큰 효과를 발휘한다. ― 날마다 잠시 동안 그 자세로 가만히 앉아 있는 것 말이다.

이렇게 생각해보라 ― 뗏목을 타고 강을 내려가다가 강가의 숲과 하늘의 구름 등, 경치에 빠져서 자신이 뗏목 위에 떠 있다는 사실을 까맣게 잊어버릴 수도 있다. 하지만 당신은 여전히 뗏목 위에 있고, 가끔씩은 ― 아마도 문득 ― '아, 내가 지금 뗏목 위에 있지!' 하는 생각이 날 것이다. 그러니 1분 명상이 제대로 안 된다고 생각할 때조차 당신은 날마다 거기에 가만히 앉아 있는 것이다. 그리고 언젠가는 ― 아마도 문득 ― 자신이 이전보다 더 평화롭다는 것을 깨닫게 될 것이다.

1분 명상을 하다가 자신의 어떤 낯선 측면이 의식의 표면에 떠오르는 것을 발견하게 될 수도 있다. 일상적인 관심사로부터 자신을 떼놓으면 언제든지 좀더 깊은 문제가 의식의 표면에 떠오를 틈이 생겨난다. 당신이 억눌러뒀던, 혹은 잊어버렸거나 심지어는 알지도 못했던 생각과 기분들 말이다. 그것들은 당신을 놔주고 떠나기 위해서 마지막으로 나타난 것이다. 이것은 마음이 지하실을 청소하는 방식이다. 말하자면 마음은 아주 좋은 기회를 잡은 것이다. 당장은 이것이 혼란스러울지 모르지만 결국 당신은 널찍한 여유공간을 확보하게 될 것이다.

당신은 또 1분 명상을 하는 중에 약간의 통증이나 고통이 올라오는 것을 느끼게 될 수도 있다. 올바른 자세로 앉아 있다면 이것은 자세 때문에 일어난 것이 아니다. 그보다는 억눌러 놨던 과거의 부상이나 만성 스트레스가 풀려서 올라올 때 느껴지는 잔류감일 경우가 많다.

마지막으로, 당신의 모든 각오와 열의에도 불구하고 1분 명상을 하려고 앉기만 하면, 자신이 거기에 앉아 있기를 원하지 않는다는 사실을 발견하게 될 수도 있다. 이것은 당신이 대신 있고 싶은 곳 — 침대 속, 해변, 술집 등 — 에 대한 즐거운 공상, 아니면 '여기만 아닌 다른 모든 곳'에 대한 갈망의 형태를 띨 수 있다. 사실 1분 명상에도 어쩔 수 없이 당신을 구속하는 면이 있는데, 구속되기를 좋아하는 사람은 없다. 우리는 누구나 선택의 여지가 있는 상태를 좋아하고, 원한다. 1분 명상은 실제로 당신의 몸과 마음과 가슴과 영혼이 한날 한곳에서 만나게 하려는 난생처음의 노력이 될 수도 있다. 이것은 갖춰둘 만한 중요한 능력이다. 왜냐하면 자신을 한날 한곳에 모이게 하는 법을 모른다면 당신은 늘 뿔뿔이 흩어져 있는 채로 살 것이기 때문이다. 진정으로 마음의 평화를 경험하고자 한다면 어디에 있든지 평화로울 수 있는 비결을 터득해야만 한다. 그러니 1분 명상이 자신이 있는 곳 — 때로는 그곳이 싫더라도 —

에 오롯이 머무는 법을 배울 수 있는, 짧지만 가치 있는 방법임을 잊지 말라.

지금 1분 명상을 하라.

워밍업

딱 30초의 시간을 더 내어서 1분 명상의 효과를 배가시키고 싶다면, 이 장은 당신의 것이다.

최대의 성과를 내고 싶을 때 꼭 필요한 것은 워밍업이다. 배우, 무용수, 음악가, 연설가, 운동선수 등은 모두 워밍업을 매우 열심히 하고, 우리는 회의를 위해 준비하고 시험을 치기 위해 뭔가를 열심히 외운다. 1분 명상에도 워밍업이 도움된다. 왜냐하면 워밍업이 없으면 일상의 스트레스에 싸인 마음이 갑자기 명상에 들어가기가 좀 뜬금없는 감이 있기 때문이다. 워밍업이 없으면 1분 중 대부분의 시간을 명상의 자리에 드는 데에 다 써버리게 될 수도 있다.

워밍업은 상징적인 행위, 곧 준비의 의식儀式이기도 하다. 당신은 여기서 자신이 하려고 하는 행위의 중요성을 스스로에게 상기시켜서 거기에 진지하게 임하게 한다. 무릇 의식에는 강력한 사건이 일어날 공간을 예비하는 일도 포함되는데, 이 공간을 예비하는 과정을 통해 당신은 성공의 가능성을 높인다. 화가가 붓을 챙기는 모습이나 외과의사가 손을 씻는 광경을 상상해보라. 이런 행동은 단순히 기능적인 몸짓이기만 한 것이 아니라 마음의 각오를 다지는 과정이기도 하다.

1분 명상의 워밍업으로서 권장할 만한 것들이 몇 가지 있다. 기지개를 켜고 간단한 몸풀기 운동을 하라. 팔과 다리를 흔들어 긴장을 풀어내라. 잠시 발을 굴러 뛰기도 하고 소리도 내보라. 심호흡을 한두 번 하고

하품을 하고 한숨을 토해내라. 손과 얼굴을 씻으라. 촛불을 켜라. 지금까지 마음을 붙들고 있던 생각을 종이에다 쓴 다음 그것을 찢어버리라. 후속조치가 필요한 결정사항을 떠올린 다음, 그것을 잊어버리라. 앞으로 할 1분 명상을 당신이 사랑하는 사람이나 도움과 치유가 필요한 사람에게 바치라.

내가 좋아하는 워밍업은 그저 뭐든 내 바로 앞에 있는 물건들을 정리하는 일이다. 하지만 거기에 너무 몰두해서 그것을 큰일로 만들지는 않는다. — 그저 서류 더미를 간추려놓거나 집기를 제자리에 정리하는 정도다.

이 중에서 뭐든지 당신에게 효과가 있을 것 같은 것으로 실험해보라. 아니면 당신만의 의식을 만들어보라. 일단 먹히는 것을 찾으면 그것을 고수하라. 그리하여 그것을 습관으로 만들라. 그러면 의식을 시작하는 간단한 몸짓만으로도 당신의 마음은 깊고 고요한 자리에 들어설 것이다. 하지만 이 의식을 '지나치게' 습관적인 것으로 만들지도 말라. 워밍업은 친숙하게 느껴져야 하지만 동시에 신선하게 느껴져야 한다. 그러니 가끔씩 변화를 줌으로써 그것이 신선감을 유지하게 하라. 그리고 어떻게든 1분 명상에 기울이는 만큼의 주의를 워밍업에도 기울여주라.

지금 당장 워밍업과 함께 1분 명상을 하라.

앞으로 일주일 동안 여러 가지 워밍업을 시도해보고
가장 마음에 드는 워밍업 방법을 찾아내라.
그리고 그것을 1분 명상을 위한 기본 준비운동으로 삼으라.

쿨링다운

명상이 끝난 후에 잠시의 쿨링다운 — 마무리 의식 — 시간을 가지면 1분 명상의 효과를 더욱 높일 수 있다. 이 쿨링다운의 목적은 방금 한 1분 명상의 효과가 잘 갈무리되도록 돕는 것이다. 그것은 당신을 연착륙시켜서 유유히 일상적인 상태로 돌아오게 한다. 그것이 어딘가 덜커덕거리는 일이 되지 않도록 말이다.

이 갈무리의 시간은 1분 명상의 경험과 그 밖의 삶의 경험이 서로 잘 조화되도록 도와준다. 쿨링다운을 하지 않으면 당신은 삶을 이것 아니면 저것, 곧 평화 아니면 스트레스로 여기게 될 수 있다. 그러나 쿨링다운을 하면 1분 명상의 즉각적인 효과를 여전히 느끼고 있는 가운데 일상사 속으로 서서히 초점을 옮겨가게 된다. 쿨링다운은 당신의 '습관적인 마음', 곧 '당신이 세상에서 움직이는 방식'을 알아차릴 수 있게 도와준다. 당신의 마음을 평화로운 상태로부터 스트레스 상태로 넘어가게 하는 것은 무엇인가? 당신을 성가시게 만드는 최초의 일은 무엇인가? 무엇이 당신의 균형을 무너뜨리는가?

쿨링다운 방법으로는 앞장에서 소개한 워밍업 방법 중 아무거나 써도 좋고, 아니면 다음 방법 중 한 가지를 써도 좋다.

* 발가락 움직이기
* 발로 바닥 두드리기
* 주위를 천천히 둘러보기
* 최초의 충동을 알아차리기
* 창밖 내다보기
* 1분 명상이 어땠는지 생각해보기. 즐거웠는가, 어려웠는가?
* 잘 했다고 어깨 두드려주기

지금 쿨링다운과 함께 1분 명상을 해보라.
그런 다음엔 워밍업과 쿨링다운과 함께 1분 명상을 해보라.

다음 일주일 동안 여러 가지 쿨링다운 방법을 실험해보고
가장 마음에 드는 방법을 찾아내라.
그것을 나날의 1분 명상에 추가하라.

훈련과 완성

대부분의 영적 전통은 모종의 '궁극적' 체험을 목표로 삼는다. 약간의 차이는 있지만 그 체험은 깨달음, 은총, 혹은 내맡김 등으로 불려왔다. 스토리텔러인 스폴딩 그레이Spalding Gray는 그것을 "완벽한 순간"이라 불렀다. 이것은 멋진 목표이기는 하다. 하지만 실제로는 당신의 1분 명상은 대부분 완벽과는 거리가 멀게 느껴질 것이다. 당신은 마음이 어지럽게 이리저리 흩어지는 것을 고통스럽게 알아차릴 것이고, 패배감에 빠지기까지 할 것이다. 그래서 영적 전통들은 우리에게 노력이 — 나아가서 경각심도 — 필요함을 가르친다. 그들은 우리가 완벽한 상태를 이루려면 훈련(혹은 기도 혹은 내맡기기)을 많이 해야만 한다고 말한다. 한편 완벽한 순간을 체험했던 사람들도 대부분 한 번 체험하고 나면 그것을 훈련해야 하며, 그러지 않으면 그것은 상실되거나 잊혀버린다고 말한다. 그러니 훈련이 완성을 이루지만 완성은 또한 훈련이 필요하다. 어느 쪽이든 간에 훈련이 열쇠다.

훈련을 쌓아가다 보면 당신은 자신이 더 빠른 시간 안에 명상상태로 '딸깍 맞추어져' 들어가는 것을 깨닫게 될 것이다. 단지 1분 명상을 하려는 시늉 — 워밍업 하기, 의자에 앉기, 자세 취하기 등 — 만 해도 마음이 더 평화로워진다는 사실을 발견하게 될 것이다. 1분 명상은 날마다 기다리게 되는, 당신의 오래고 믿음직한 친구가 된다. 언젠가는 심지어 1분 명상 하는 것을 상상하기만 해도 명상의 효과를 얻을 수 있게 될지도 모른다. 당신이 어디에 있든 간에, 1분 명상이 마치 당신의 집과 같이 느껴진다.

규칙적으로 진지하게 훈련에 임할 때 얻어지는 또 다른 효과가 있다. 1분 명상을 하면 당신은 자신에게 새로운 심리적 공간을 만들어주게 된다. 그리하여 1분 명상을 할 때마다 당신은 그 공간 속으로 조금씩 더 들어가게 된다. 당신은 마치 등산하는 그룹의 정찰조처럼 다른 사람들보다 앞서서 지형을 둘러보고 길을 내고 캠프를 설치한다. 그리고 산을 내려와서 말한다. "됐어. 길을 찾았어. 내가 길을 알아. 그리고 너희들도 거기에 갈 수 있어." 1분 명상을 할 때마다 당신은 정찰대원이 된다. 당신의 나머지를 대신해서 조금씩 더 가보는 것이다. 1분 명상에서 돌아올 때마다 당신은 당신의 나머지에게 이렇게 말해준다. "고요하고 집중된 장소를 찾았어. 조금 있으면 우리 모두가 거기서 머물 수 있게 될 거야." 그리고 실제로 정확히 바로 그것이 일어날 일이다. ― 때가 되면 당신의 온 삶이 이 새로운 곳에서 펼쳐질 것이다. 그리고 당신은 모든 것을 이 새로운 관점으로부터 바라본다.

지금 1분 명상을 하라.
그것이 '완벽하지' 않더라도 상관하지 말라.

1분 명상과 기도

1분 명상을 기도와 혼동해서는 안 된다. '기도(prayer)'라는 단어는 라틴어로 '탄원하다'라는 말에서 왔다. 그것은 '탄원의 형태로 신이나 영적 힘을 향해 말하는 것'을 뜻한다.[3] 그러나 1분 명상에는 당신 자신 외에 탄원할 대상에 관한 생각이 존재하지 않는다. ─ 거기에는 호흡밖에 없다. 1분 명상의 목적은 당신으로 하여금 '그냥 있기'를 경험하게 하려는 것이다. 무엇을 생각하는 것도 아니고 누구에게 ─ 심지어 신에게라도 ─ 무슨 말을 하는 것도 아니다.

1분 명상과 기도는 서로 별개의 일이다. 그러니까 예컨대 1분 명상을 하기 '전에' 기도를 할 수는 물론 있다. 또 당신의 1분 명상을 천사든 수호성인이든 신이든 모든 존재든, 당신보다 큰 무엇에게 바칠 수도 있다.

가장 깊은 의미에서 기도는 감사의 표현이고 자신을 자기보다 큰 무엇에 동조시키는 방법이다. 그러나 이렇게 겸손한 태도를 취하는 것이 늘 쉽지만은 않다. 기도하기 전에 1분 명상을 한다면 그것이 당신의 마음이 비워지도록 도와줄 수 있을 것이다. 개인적인 이익에 대한 생각을 모두 놓아버리고 정말 고요한 중심에 자리하라. 1분 명상으로써 당신은 마치 사원을 청소하듯이 마음을 청소한다. 온 마음으로 기도드릴 신성한 장소를 만들어낸다.

기도와 함께 1분 명상을 하라.
기도를 명상 전에 해도 좋고, 후에 해도 좋다.

부수효과

1분 명상을 연습하다 보면 두 가지의 의미심장한 부수효과 — 지복至福과 자비심 — 가 눈에 띄게 될 것이다. 이 장은 이것을 어떻게 대해야 할지를 설명한다.

1분 명상으로 모든 사람이 지복감을 경험하게 되지는 않을 것이다. 사실 그것은 목적의 일부가 아니다. 하지만 그럼에도 지복을 경험하게 된다면, 마음껏 즐기라. 지복의 경험은 상상하지 못했던 곳으로 당신을 데려다줄 수 있다. 하지만 경계하라. 여느 즐거움과 마찬가지로 지복도 중독이 될 수 있다. 당신은 지복상태가 아닐 때 그것을 갈망하고 있는 자신을 발견하게 될지도 모른다. 그러면 그것은 당신의 고통을 증폭시킨다. 지복이 결여된 일상적인 삶은 정말 허무하고 하찮게 여겨질 수 있기 때문이다. 최선의 전략은, 지복이 나타나면 마치 팔레트 위에 새로운 물감이 얹어진 것처럼 그저 그것을 즐기되, 그것이 떠날 때는 어떻게든 미련 없이 놓아 보내라. '그저 있기'로 돌아오라.

1분 명상의 또 다른 흔한 부수효과는, 다른 사람의 문제에 더 깊이 공감하기 시작하는 것이다. 이것은 흥미로운 역설이다. 혼자서 앉아 있기에 익숙해질수록 당신은 다른 모든 사람을 더 깊이 배려하게 되기 시작하는 것이다. 그들의 문제를 대신 해결해줘야겠다는 생각이 든다는 건 아니다. 그저 더 배려하게 된다. 이것을 '자비심'이라고 한다. 그것은 '고통을 함께하는 마음'이다.

자비심은 내면이 더욱 평화로워질 때 불가피하게 나타나는 자연스러운 결과다. 마음을 고요히 가라앉혀 잡념으로부터 벗어날 때 당신은 더 보편적이고 우주적인 당신의 일부를 접하기 시작한다. 다른 모든 사람들과 더 친밀하게 연결된 느낌을 느낀다. 그들이 느끼는 것을 마치 자기가 느끼는 것처럼 느낀다. 그리고 좀더 그들의 관점에서 사물을 바라볼 수 있게 된다.

하지만 자비심은 평화로운 상태의 '산물'이기만 한 게 아니라 '원인'이기도 하다. 다른 이들의 느낌을 더 가까이 느낄수록 우리는 누구를 해치거나 해침을 당하는 식의 생각을 덜 하게 된다. 자비심을 느낄 때, 당신은 더 평화로워진다. 그 누구도 당신과 본질적으로 다르지 않다는 것을 느끼기 때문이다. 두려움이 줄어들면 평화가 깊어지는 법이다.

2부로 넘어가기 전에
1분 명상을 익숙하게 할 수 있게 되었고
최소한 한 달간 연습을 했는지 확인하라.
1분 명상의 뿌리가 든든히 내려져 있지 않으면
한 순간에 정신을 잃어버리기가 십상이다.

২부
중급 연습

휴대용 1분 명상

1분 명상에 익숙해졌으면 이제 휴대용 1분 명상을 해볼 때다. 휴대용 1분 명상은 당신이 어디를 가든지, 어떤 희한한 상황에 처해 있든지 상관없이 기본 1분 명상을 할 수 있게 해준다. 이것은 또한 (책 뒤에 소개될) '순간의 통달'을 위해 꼭 거쳐야 할 과정이다.

하지만 휴대용 1분 명상을 연습하기 전에 약간의 설명이 필요하다. 다행히도 이건 시간이 거의 걸리지 않는다. 기본 1분 명상에 약간의 변형만 주면 되기 때문이다. 다음이 그 방법이다.

다음번에 1분 명상을 하게 되면 단순히 호흡에 주의를 집중하는 대신 호흡수를 세라. 첫 번째 들숨을 '하나'로 세고 첫 번째 날숨을 '둘'로 세고, 두 번째 들숨을 '셋'으로 세는 식으로 말이다. 자명종이 울리면 얼마까지 세었는지를 확인하라. 잊어버렸더라도 괜찮다. 그냥 다음날 다시 해보라. 평균치를 낼 수 있도록 이것을 몇 번 반복하라. 이것이 당신의 1분 평균호흡수이다. — 평소의 이완상태에서의 호흡수 말이다.

이 평균호흡수가 확보되었으면 이제 당신은 시계 없이도 1분 명상을 할 수 있다. 워밍업을 하고 눈을 감은 다음 — 온 주의를 모아 — 호흡수를 세라. 당신의 평균호흡수만큼만 말이다. 그런 후 눈을 뜨고 쿨링다운을 하라.

이것은 결코 적지 않은 해방이다. 이제 당신은 진심어린 축하를 받을 자격이 있다. 시계를 떼놓을 수 있게 됐으니 말이다. ('시간'에서 해방된 것이 아니라 '시계'에서 해방된 것이다.) 이제 당신은 이 휴대용 1분을 어디든지 가지고 다닐 수 있게 됐다. 그러면 당신은 기차든 비행기든 음식점이든 도서관이든 극장이든 당신의 책상 앞이든 체육관이든 샤워실이든 아기를 돌보는 중이든 심지어는 옆에서 누가 자고 있는 침대든 상관없이, 자명종을 맞춰놓기 어려운 모든 장소에서 그것을 써먹을 수 있다. 계약이 성사되길 기다리는 동안에도, 쇼가 시작되길 기다리는 동안에도, 배심원의 판결을 기다리는 동안에도 당신은 1분 명상을 할 수 있다.

호흡수를 반드시 끝까지 세도록 하라. 예컨대 당신의 호흡수가 스물여섯인데 '이제 스물넷까지 셌으니까 이만하면 됐지 뭐. 그만 하자…' 이런 유혹이 올라온다면, 뿌리치라. 마지막의 짧은 순간이 종종 1분 중에서도 가장 가치 있고 경이로운 부분이 될 수 있다.

물론 휴대용 1분은 당신의 호흡수가 시시각각 변하기 때문에 기본 1분만큼 정확하지는 않다. 스트레스가 쌓이거나 불안할 때는 대개 호흡이 빨라져서 당신의 평균호흡수는 1분을 채우지 못할 것이다. 반대로 편안하게 이완되어 있을 때는 호흡이 느려져서 평균호흡수가 1분을 넘길 것이다. 달리 말해서, 휴대용 1분은 사실 대충 해서 1분이다. 하지만 그건 상관없다. 휴대성이 가져다주는 효과는 부정확성의 비용을 갚고도 남는다.

가끔씩 당신의 평균호흡수와 타이머의 시간을 비교해보고 평균호흡수가 바뀌었으면 적절히 조정하라. 그러면 당신은 변함없이 대략 1분의 명상시간을 가질 수 있다. 시간이 지날수록 1분에 도달하는 호흡수가 점점 줄어드는 것을 발견하게 될 수도 있다. 당신의 호흡이 점점 더 느려진다는 의미다. 이것이 어디까지 갈지가 궁금할 것이다. 호흡이 얼마나 느려질 수 있을까? 놀라지는 말길 바란다. 그건 그저 당신이 점점 더 편안히 이완되고 있음을 의미할 뿐이다. 그것이 당신이다.

며칠에 걸쳐 당신의 1분 평균호흡수를 알아내라.
더 이상 읽기 전에 일주일 동안
하루에 한 번(혹은 더 자주) 휴대용 1분 명상을 연습하라.

응급용 1분 명상

삶에 '멈춤 단추'를 누르고 싶어지는 때가 없는가? 당신이 '하고 있는' 말이나 행동이 '하고 싶은' 말도 행동도 아니라는 사실을 너무나 잘 알면서도 상황에 충동적으로 반응한 적은 없는가? 이렇게 외치고 싶었던 적은 없는가? ㅡ "나 자신의 생각을 좀 들어보게 1분만 시간을 줘!" "내 머릿속을 합쳐놓을 수 있도록 잠깐만 시간을 달란 말이야!"

좋은 소식은, 이런 상황에서 써먹을 수 있는 범용 구급상자가 있다는 것이다. 그것은 응급용 1분 명상이라고 부르는데, 다름 아니라 응급 시에 ㅡ 정확히 가장 필요한 때에 ㅡ 활용할 수 있는 휴대용 1분 명상이다.

하지만 정말 필요할 때 응급용 1분 명상을 할 수 있으려면 휴대용 1분 명상을 규칙적으로 연습해야만 한다. 이 점에 관한 한 당신의 훈련도 여느 응급구조대원의 훈련 못지않다. 소방대원이나 경찰관이나 위생병과 마찬가지로, 당신은 기술을 배워야 하고 실전훈련을 해야 한다. 그래야만 응급시에 대처할 수 있다. 그러면 당신은 가장 지옥 같은 아수라장에서조차 1분 명상을 할 수 있게 될 것이다. 아니, 그보다 더 중요하기로는, 그것을 할 '생각을 떠올릴' 수 있게 된다는 것이다.

실제로 응급상황에는 두 종류가 있다. ㅡ 무엇을 해야 할지를 아는 종류의 상황과 그 나머지 모든 상황 말이다. 생사가 달린 실제상황 ㅡ 뭔가가 떨어지기 전에 받아야만 하거나 아이를 구하기 위해 불 속으로 뛰어들어야 하는 상황 ㅡ 에서는 응급용 1분 명상이 필요 없다. 생각할

겨를없이 즉각 대응해야만 하기 때문이다. 사실 응급용 1분 명상은 빨리 대응해야만 한다는 '생각이' 들지만 '실제로' 그럴 필요는 없는 다른 모든 상황을 위한 것이다. 응급용 1분 명상을 하면 당신은 공황상태나 혼란이나 분노에 빠진 채로 반응할, 그리고 그래서 일을 그르칠 가능성을 줄일 수 있다.

응급용 1분 명상을 상황에 따라 약간 변형하여 쉽게 적용할 수 있는, 구체적인 상황의 예를 들어보겠다.

공황상태

공황상태를 느끼면 우리의 호흡은 빠르고 얕아지면서 저만의 고유한 마음을 가지고 있는 것처럼 반응한다. 유감스럽게도 이것은 악순환이 된다. 공황상태에 깊이 빠져들수록 호흡은 더욱 빠르고 얕아지고, 호흡이 빠르고 얕아질수록 우리는 공황상태에 더 깊이 빠진다. 이 경우에는 호흡수를 세는 것만으로는 충분하지 못할 수 있다. 호흡이 느려지도록 의식적으로 노력해야만 한다. 이것은 브레이크를 밟은 채 휴대용 1분 명상을 하는 것과도 같다. 그리고 그것을 한 번 이상 해야만 하게 될 수도 있다. 하지만 만약 그렇게 한다면 매번을 분명하게 끊어서 해야 한다. 1분 명상을 마칠 때마다 잠시 쉬면서 상황을 살펴보고, 필요하다면 한 번 더 하라.

분노

 분노가 갑자기 치밀어오는 것을 느낄 때는 세상을 대하는 평소의 방식을 상기하기가 매우 어렵다. 세상을 이성적으로 살펴서 전체 그림을 바라보거나 다른 사람의 관점을 고려하는 것이 힘들어지는 것이다. 분노 그 자체는 아무런 잘못이 없다. 그것은 인간의 정상적인 감정이고 그것이 좋은 결과를 가져올 수도 있다. 문제는, 분노가 내려지지 않고 통제되지 않아서 타인에게 실질적인 해를 입히는 경우이다.
 분노에 대처하는 전형적인 전략은 '열까지 세는' 것이다. 열까지 셀 수 있으면 그것이 폭발하지는 않으리라는 것이 그 이론이다. 좋은 아이디어다. 하지만 나는 분노가 치밀 때 열을 세고 있으면 그저 시간이 지나기만 기다리고 있는 듯한 기분을 느낄 뿐이다. 나는 매 숫자마다 분개하면서 다시 분노를 끌어올릴 때가 오기만을 기다린다. 달리 말해서 열을 세는 것은 폭발을 지연시킬 뿐, 분노를 변화시켜주는 구실은 하지 못한다는 것이다.
 하지만 응급 1분 명상은 전혀 다르다. 다른 점은, 응급 1분 명상에서 당신은 매우 친숙한 어떤 경험 속으로 돌아간다는 점이다. 당신이 1분 명상에서 발견한 내면의 그 '자리'는 어디든 가지고 다닐 수 있는 피신처와도 같다. 기본 1분 명상과 휴대용 1분 명상을 많이 할수록 그 자리를 찾기가 쉬워진다.
 좁은 울타리 안에 갇힌 채 씩씩거리는 황소 등에 올라타고 있는 카우보이를 상상해보라. 황소가 경기장 안으로 풀려나서 사납게 날뛰면 카우보이가 할 일은 떨어지지 않고 붙어 있는 일밖에 없다. 카우보이는 황소를 달래서 멈추게 하거나 울타리 안으로 다시 집어넣거나 황소와 가까워지거나 황소가 하나님을 믿게 하려고 하지 않는다. 단지 붙어 있으려고 할 뿐이다. 당신의 분노에 대해서도 마찬가지다. 그 등에서 굴러떨어지지도 않고 공중에 던져지지도 않도록 애쓰라. 울타리에서 풀려난 에너지를 느껴보고 그것과 함께 호흡하라. 씩씩대는 황소를 당장에 억지로 진정시키려고 덤비면 황소는 더욱 놀라서 미친 듯이 날뛸 뿐이다. 달리 말해서, 분노의 에너지를 저항해야만 할 나쁜 것으로 대하지 말라. 그저 그것과 함께 호흡하라. 그것이 일단 진정되고 나면 당신은 그 경험이 당신의 기운을 부쩍 북돋아주었음을 깨닫게 될 수도 있다.

압력

응급 1분 명상은 억압이 작용하는 상황에서도 유용하게 활용할 수 있다. 당신은 이 억압을 일, 동료, 자녀 등 외부로부터 당신에게 가해지는 것으로 경험하면서 자신이 찌부러질 것만 같은 느낌을 느낄 수도 있다. 아니면 그것을 내부 — 매사에 대한 불만이 엄청나게 쌓인 상태 — 로부터 오는 것으로 경험하면서 자신이 폭발해버릴 것만 같은 느낌을 느낄 수도 있다.

이런 경우, 자신이 억압으로부터 자유롭다고 상상하는 것만으로는 별 도움이 되지 않는다. 분노와 마찬가지로 그 에너지 자체를 존중해주는 것이 중요하다. 압력솥을 상상해보는 것이 도움이 될 것이다. 압력솥은 음식을 잘 익히기 위해 강한 압력을 이용하지만, 동시에 폭발하지 않도록 김을 조금씩 조금씩 내보낸다. 그러니 억압이 작용하는 상황에서 응급 1분 명상을 할 때는 마치 압력솥처럼 내쉬는 숨을 좀더 약하고 길게 내어보라. 내쉴 때 휘파람처럼 소리를 내는 것도 도움이 된다. 너무 많은 압력을 너무 빨리 내보내지는 말라. 억압을 느끼고 있을 때는 그것을 빠르게가 아니라 천천히 내보내는 것이 더 낫게 느껴진다. 당신은 사실 약간의 압력이 필요한 것인지도 모르기 때문이다. ― 당신의 내부에 익혀야 할 뭔가가 있을지도 모른다. 그러니 마치 압력솥처럼 한 번에 조금씩의 김을 내보내라. 이렇게 하면 폭발하지 않고 요리를 할 수 있을 것이다.

혼란

우리는 누구나 어떤 중요한 결정사항 앞에서 엄청나게 혼란을 겪는 경험을 한다. '지금 당장' 정답이 필요한데 아무리 해도 도무지 그게 보이질 않는 경우 말이다. 나는 개인적으로, 정답이 나타나지 않는다면 그것이 나타날 '준비가' 되지 않은 것이라고 믿는다. 이런 경우에는 기다리는 수밖에 다른 선택이 없으므로 응급 1분 명상이 도움된다. 이것만이 기다리는 동안 할 수 있는 최선의 일이니까 말이다. 첫째로, 그것은 혼란으로부터 휴식을, 숨통을 틀 수 있는 공간을 준다. 둘째, 당신은 답이 나타날 때 좀더 준비된 상태가 되어 있을 것이다. 셋째, 마음이 맑아지므로 답이 '실제로' 나타날 때는 그것을 알아차릴 가능성이 더 높아진다. 마지막으로, 응급 1분 명상은 당신이 — 최소한 지금 당장은 — '그저 모른다는' 사실을 더 기꺼이 수용하게 함으로써 그동안에 자포자기하여 아무렇게나 행동하는 일이 일어나지 않도록 예방해준다.

충격

동물들은 위급 시에 다음 두 가지 반응 중의 하나를 보인다고 한다. — 싸우거나 튀거나. 하지만 동물이 보여주는 반응은 이것이 다가 아니다. 또 한 가지 동물들의 전형적인 반응은 '죽은 척하는' 것이다. 정신의학자인 이보르 브라운Ivor Browne은 트라우마를 일으키는 상황에서는 인간도 흔히 이와 비슷한 반응을 보인다는 것을 발견했다.[4] 충격을 받거나 뭔가에 압도될 때 우리는 횡격막이 마비되어 호흡이 매우 얕아지는데, 이런 상태의 일부를 '실신 반응(startle response)'이라고 부른다. 달리 말해서 우리는 마치 죽은 것처럼 육체적, 감정적으로 가게 문을 닫아버리는 것이다. 그리하여 다시 온전히 숨쉬면서 살게 되기까지는 오랜 — 때로는 여러 해, 심지어는 평생의 — 시간이 걸릴 수도 있다.

경우에 따라서는 — 일어나고 있는 일을 도저히 견뎌낼 수가 없을 때는 — 죽은 척하는 것도 좋은 전략이 될 수 있지만 그것은 현명한 결정을 내려 일어나고 있는 상황을 처리하는 능력을 얻는 데는 방해가 된다. 죽은 척할 때 당신은 자신을 경험의 흐름으로부터 차단시키고, 그것이 습관이 될수록 어떤 것을 경험하는 능력은 점점 줄어든다. 죽은 척할 때, 당신은 이렇게 말하고 있는 것이다. "이건 내게 일어나지 않고 있어." 그러나 엄연한 현실은, 그 일이 당신에게 일어나고 있다는 것이다.

무엇에 놀라거나 충격을 받았을 때 응급용 1분 명상을 하면 당신은 그 경험과 함께 있게 되고, 삶에서 분리되지 않고 연결된 채로 남아 있다. 횡격막을 경직시키는 것이 "이 일은 나에게 일어나지 않고 있어"라고 말하는 것이라면, 횡격막의 긴장을 푸는 것은 "이 일은 나에게 일어나고 있고, 난 그 속에서 숨쉴 수 있어"라고 말하는 것이다. 그리고 그 속에서 호흡하고 있을 때 당신은 자신이 그 속에서 호흡하고 있음을 깨닫고, 자신이 여전히 여기에 있으며 그 일을 잘 대처해낼 수 있음을 깨닫는다.

*

주변에서 어떤 일이 일어나고 있든지 상관없이 당신이 확실히 바꿔 놓을 수 있는 유일한 것은 당신 자신이다. 경기침체나 자연재해를 피할 수는 없다. 일을 주어진 시간 안에 끝내지 못할 수도 있다. 당신이 바라는 일을 다른 사람이 해주도록 만들지 못할 수도 있다. 하지만 1분의 시간을 낼 수는 있다. 삶이라는 자동차의 질주를 멈추고 앞 유리창을 닦을 1분의 시간을 낼 수는 있다. 마음을 모든 문제로부터 벗어나게 함으로써 1분간의 휴가를 가질 수는 있다. 당신 내면의 거룩하게(holy) 느껴지는 뭔가에 가 닿음으로써 1분간의 휴일(holiday)을 즐길 수는 있다.

이제 잠시 시간을 내어
당신이 분노, 혼란, 공황상태, 억압,
혹은 충격을 경험했던(혹은 경험하기 쉬운)
상황을 적어보라.
응급용 1분 명상을 써먹을 수 있는 경우들을 적어보라.

다음 장을 읽는 동안 하루에 한 번씩 휴대용 1분 명상을 하고,
필요할 때마다 응급용 1분 명상을 하라.

깜짝 1분 명상

기본 1분 명상을 터득하고 휴대용 1분 명상으로 자신을 해방시켰다면 이제 깜짝 1분 명상을 시도해볼 수 있다. 말뜻과 마찬가지로, 깜짝 1분 명상은 계획적인 것이 아니어서 연습할 수가 없다. 그것은 이런 식으로 일어난다. 먼저 당신이 지금 당장 정말로 해야만 할 일이 아무것도 없다는 것을 깨닫는다. 그때 평화로운 상태를 향해 마음이 살짝 당기는 것이 느껴지기 시작한다. 잠시 혼자만의 시간을 갖고 싶어지는 은근한 열망 말이다. 당신은 결국 이렇게 말한다. "뭘 하겠어? 1분 명상이나 하지 뭐." 서프라이즈!

그것은 꽤나 즐거운 일이다. 깜짝 1분 명상은 분주한 세상살이의 한가운데서 누리게 되는 달콤한 은총이다. 기본 1분 명상과 휴대용 1분 명상 연습을 많이 할수록 하루 중에서 깜짝 1분 명상을 위한 시간을 발견하는 일도 더 잦아질 것이다. 실제로 당신은 매우 바쁜 날이라고 생각했던 날조차도 깜짝 1분 명상을 할 기회가 얼마나 많은지를 깨닫고 놀랄 것이다. 이 깜짝 1분 명상을 위한 시간은, 늘 거기에 있었지만 당신이 발견하지 못했던 시간이다. 아니면 아마 알고 있었지만 그 시간에 딱히 할 만한 유용한 일이 없었을 수도 있다. 하지만 이제 당신은 다른 것을 안다. 당신의 나날에는 낚아챌 1분의 자투리 시간이 너무나 많다는 것을 당신도 이제는 안다.

깜짝 1분 명상 시간을 낚아챌 때마다 — 특히 그것이 꼭 필요하지는

'않을' 때 ─ 당신은 또한 나중에 스트레스를 받거나 갈등에 빠질 가능성을 조금씩 낮춰놓고 있는 것이다. 그것은 평화를 위한 선제공습인 셈이다.

하루 중에 깜짝 1분 명상 시간을 많이 발견할수록 당신은 자신이 생각했던 것만큼 그렇게 바쁘지는 않았음을 깨닫게 될지도 모른다. 당신이 해야만 한다고 생각했던 일 중 많은 부분이 할 필요가 없는 일이 된다. 복잡하고 어렵게 간신히 해내곤 했던 많은 일들이 이제는 더 짧은 시간에 더 쉽게 풀려나간다. 이전에 하고 싶어했던 많은 일들이 이제는 1분 명상만큼 즐겁지가 않다. 또 바쁠 때조차도 바쁘게 '느껴지지는' 않는다는 사실을 발견하게 될 수도 있다. ─ 당신은 모든 일을 평정심으로써 해내고, 일은 수월하게 풀려나간다. 이제 당신은 어딘가에 도달하고 있다.

지금 당장 깜짝 1분 명상을 하라.

보너스 1분 명상

우리가 과학기술에 걸었던 희망 중의 하나는 그것이 우리에게 자유로운 시간을 더 많이 부여해주리라는 것이었다. 하지만 그렇게 되지는 않았다. 시간을 절약해주는 새로운 기계가 나타날 때마다 우리는 그 시간을 더 많은 활동으로 채워 넣는다. 우리는 더 빨리 빨리 움직여 더욱 더 많은 일을 한다. 그리하여 역사상 유례없는 부를 누리게 되었지만 우리는 '시간의 궁핍'을 느낀다.

나는 그 이유 중의 하나가, 과학기술이 시간을 절약할 수 있게 해주면서 다른 한편에서는 정신적인 여유를 앗아갔기 때문이라고 생각한다. 더 많은 일을 손으로 해야 했던 시절에, 그 일들은 시간이 더 걸렸지만 그것을 하는 동안에 우리는 생각하거나 몽상에 빠지거나, 아니면 '생각하지 않을' 시간을 더 많이 가질 수 있었다. 말하자면 단순한 육체노동을 하는 시간이 줄어들수록 우리의 마음이 놀 시간도 줄어든다.

보너스 1분 명상은 이것을 보상해주는 좋은 방법이다. 실제로 이것은 시간을 절약해주는 과학기술의 혜택을 배가시킨다. 그 방법은 이렇다. ― 어떤 일이든 생각했던 것보다 일찍 끝났을 때, 그것을 자축하는 셈으로 1분 명상을 하라. 예상보다 일찍 약속장소에 도착했을 때, 혹은 마감 전에 일을 끝냈을 때, 감사의 표시로서 1분 명상을 하라. 컴퓨터가 고장 나서 전화기를 붙들고 서비스 요원과 한 시간 동안 씨름을 할 각오를 하고 있는데 놀랍게도 친절한 직원에게 연결되어 15분 만에 고장을 해결

하게 되었을 때, 이렇게 생각하라. '방금 45분을 절약했네. 그중에서 1분은 명상에 쓸 수 있겠구만.'

이런 식으로 습관이 들면, 지금 하고 있는 일이 50년이나 100년 전에는 훨씬 더 오래 걸렸을 것을 알아차릴 때마다 보너스로 1분 명상을 하라. 비행기 여행을 할 때마다 배로 갔으면 얼마나 오래 걸렸을지를 생각하고 보너스로 1분 명상을 하라. 이메일을 보낼 때마다 편지를 손으로 써서 보냈으면 얼마나 더 오래 걸렸을지를 생각하고 보너스로 1분 명상을 하라. 빨래를 세탁기에 넣을 때마다 그것을 강가에 가서 바윗돌에 비벼 빨려면 얼마나 오래 걸릴지를 생각하고 보너스로 1분 명상을 하라.

보너스 1분 명상은 과학기술의 이득을 행복 은행에다 재투자하는 비결이다. 사실, 이것이야말로 시간을 절약하는 유일한 방법이다.

기회가 생길 때마다
응급용 1분 명상, 깜짝 1분 명상, 그리고 보너스 1분 명상을 실험해보라.
그러는 동안에도 다음 연습으로 넘어가기 전에 30일 동안
하루에 한 번씩 휴대용 1분 명상을 연습하라.

3부
시간 속의 순간

  이 책의 기법들을 연습하는 동안 당신은 시간이 더 많아지고 시간이 길어지거나, 아니면 그저 시간에 대한 당신의 생각이 달라졌음을 깨닫게 될지도 모른다. 그것은 바로 순간 명상법이 당신의 시간 경험을 더 느긋해지게 만들려는 의도로 고안된 것이기 때문이다. 한 번에 한 순간씩 경험하도록 말이다.

  이것을 인정할 수 없거나 그저 믿기지 않을 수도 있어서 나는 여기서 시간이란 것이 우리가 흔히 생각하듯이 고정되어 있는 무엇이 아님을 보여주는 좀더 철학적인 이야기를 꺼내보려고 한다. 책의 이 부분은 나처럼 약간 철학적으로 정리해보는 것이 마음의 혼란을 정리하는 데 도움이 된다고 생각하는 사람들을 위한 것이다. 고정관념을 제거하고 나면 '진짜 체험'의 가능성이 더 크게 열린다. 하지만 원한다면 3부를 건너뛰어도 좋다. 이것이 순간 명상에 꼭 필요한 것은 아니기 때문이다. 가장 중요한 것은 당신의 체험이다.

시간의 인식

우리는 시간이 '저 밖에' 있는 고정된 것이라고 믿는 경향이 있지만, 시간을 경험하는 방식은 사실 매우 다변적이다. 그것은 우리의 기분, 하고 있는 일, 나이, 문화적 배경, 그리고 심지어 우리가 역사 속의 어디에 있는가에 따라서도 달라진다. 달리 말해서, 우리는 시간을 절대적인 것으로 여기지만 시간의 경험은 상대적이다.

젊을 때는 마치 자신이 세상의 시간을 다 가진 것만 같다. 시간이 너무나 많아서 그것이 고갈상태를 향해 소모되어가고 있다는 것을 상상할 수가 없다. 심지어는 시간이 좀 빨리 지나갔으면 하고 바라기도 한다.(6시가 되려면 5시 50분은 너무 멀게 느껴진다.) 하지만 40대로 넘어가면 시간이 너무 빨리 가는 것처럼 느껴지기 시작하면서, 지금까지 미뤄왔던 일들을 할 기회가 영영 없게 될지도 모른다는 생각이 불현듯이 든다. 말년이 되면 '남은 날을 셀 수 있게' 된 것을 고통스럽게 실감한다. 아침마다 깨어나는 것조차 더 이상 당연한 일이 아니다.(우리 부모님은 이젠 덜 익은 파란 바나나도 사지 않는다고 농담을 하신다.) 노년의 중요한 심리적 과제는, 지나온 날들의 의미를 되새기고 남은 날들을 평화롭게 지내는 일이다.

스스로 즐기고 있을 때는 시간이 빨리 지나간다.("놀 때는 시간이 잘도 간다.") 하지만 지겨울 때나 초조하게 뭔가를 기다릴 때는 시간을 무척 의식하게 되고, 너무나 느리게 간다.("지키고 있으면 물이 안 끓는다.")

가장 짧짤한 시간 경험은 '몰입상태(flow state)'라 불리는, 사실은 시간의 '무경험(non-experience)'이다. 심리학자 미하이 칙센트미하이Mihaly Csikszentmihalyi에 의하면 이 상태는, 어렵긴 해도 지나치게 어렵지는 않은 어떤 일에 몰두해 있을 때 일어난다. 몰입상태에서 우리는 실제로 시간의 인식을 멈춘다. 우리는 역설적이게도 (너무나 즐거워서) 시간이 빨리 지나간다고 느끼면서 동시에 (일에 몰입해 있어서) 시간이 많다고 느낀다.

때로 시간은 능력을 주고 도움을 주는 것으로 경험되기도 한다. 예컨대 병에서 회복되고 있을 때, 우리는 시간이 대단한 약이라고 믿는다. 그리고 슬픔에 빠져 있을 때, 친구들은 우리에게 "시간을 좀 가지라"며 다독거려준다. 하지만 절망에 빠졌을 때는 시간이 '우리 편'이 아닌 것 같다. 우리는 마치 삶이라는 영화가 유쾌하지 못한 장면에서 딱 멈춰버린 듯이 시간의 흐름 속에서 믿음을 잃어버린다. 하지만 우울증이 걷히면 시간은 다시 흘러가기 시작한다. 우리는 모든 것은 지나가는 것임을 기억해낸다. 그리고, 그러면 형편이 좀더 나아지리라고 믿는다.

시간에 대한 태도는 문화권에 따라서도 변한다. 어떤 문화권의 사람들은 서두르지 않는다. 또 어떤 문화권의 사람들은 속도를 줄일 줄을 모른다. 어떤 문화권에서는 시간이 융통성 있고 어떤 문화권에서는 시간이 정확하다. 내가 아일랜드 사람들과 일본 사람들이 참여한 어떤 행사를 주최했을 때 이 차이가 정말 문제가 된 적이 있다. 회의시간을 두고 며칠 동안 혼란을 겪은 후에 일본인 동료들은 약간의 과장을 섞어가면서 행사일정을 '일본식 시간'으로 할 것인지 '아일랜드식 시간'으로 할 것인지를 정해달라고 요구해왔다. 일본식 시간은 항상 정각이었고 아일랜드식 시간은 언제나 30분 전후였던 것이다.

우리는 또 시간에 대해 저마다 다른 판단기준을 갖고 있다. 어떤 사람들은 바쁜 것을 성공이나 인기의 상징으로 여긴다. 어떤 사람들은 할 일이 없을 때 느끼게 될 기분을 두려워하여 '바쁘게 살기' 위해 할 수 있는 모든 짓을 다 한다. 어떤 사람들은 노는 것이 죄인 양 바쁘게 사는

것 자체를 덕으로 여긴다. 반면에 예술가나 문인들은 창작을 위해 한가한 시간을 갈구한다. 승려나 수녀들은 여러 달, 심지어는 여러 해 동안 고요한 묵상의 시간을 갖는다. 그리고 그 시간을 신성한 것으로 여긴다.

시간에 대한 우리의 인식은 일과도 불가분의 관계로 꼬여 있다. 시계와 조립라인과 효율성 연구로 상징되는 산업시대에 들어와서는 주어진 시간 안에 정확히 얼마나 많은 부품이 생산되었는지, 한 사람 한 사람의 직원이 몇 시에 출근도장을 찍었는지가 중요해졌다. 대체로 오래 일할수록 더 많은 돈을 받았다. 시간이 곧 돈이라고 믿게 된 것도 놀라운 일이 아니다. 시계를 들여다보기 시작하게 된 것도 놀라운 일이 아니다. 그리고 뭐든 세고 세고 또 세는 것도…

정보시대에 들어서면서 우리는 좀더 '융통성 있는 시간'을 향해 옮겨가고 있다. 한때 그랬던 것처럼 시간을 기준으로 한 일의 양은 큰 의미가 없다. 아이디어는 개수로 셀 수 있는 '물건'이 아니기 때문이다. 한순간에 떠오른 아이디어가 엄청난 것이 될 수 있다. 그래서 '아이디어맨'은 시간을 좀더 융통성 있게 대한다. 그는 창조성을 북돋아줄 특별한, 종종은 괴이한 환경을 조성하는 법을 배운다. 그리고 언제든 상관없이 영감이 떠오를 때 그것을 신뢰하는 법을 배운다.

과학기술은 우리의 시간감각도 바꿔놓았다. 오늘날 우리는 자연의 리듬에 통달했다는 듯이 자연을 '굽어보며' 살고 있다. 이전에는 제철에만 나오던 과일과 채소가 이제는 싱싱하게 포장된 채 사시사철 널려 있다. 이제 우리는 더 이상 태양에 의존하지 않는다. 전기조명, 중앙식 난방, 공기조절장치, 그리고 인터넷… 우리의 세상은 비즈니스와 쾌락을 위해 24시간 노는 날 없이 열려 있다. 이제 우리는 동면의 겨울도 열사熱砂와 같은 여름도 상관하지 않고 하고 싶은 것을 뭐든 다 할 수 있다. 도시나 교외에서는 눈비를 방해물로 여긴다. ― 자연은 우리의 통근길을 가로막는 장애물이다.

말을 타고 여행했던 옛날에는 전화도 없었고 시간경험이 지금처럼 정확하지 않았다. 긴 여행 끝에는 예정보다 며칠, 혹은 몇 주 늦게 도착하는 것이 다반사였다. 그러나 오늘날은 시간을 미분해서 경영한다. 우리는 온라인으로, 전화로 도착시간을 확인한다. 그리고 여행의 각 구간을 이런 식으로 묘사한다. "차가 밀리고 있어, 주유소에 들렀어. 이제 기차 타고 있어. 지금 내리고 있어. 5분 내로 갈 거야. 1분 후에 계단 아래서 만나. 여기 문 앞에 있어." 그러나 시간을 더 정확히 쪼개어 셈할수록 동시에 우리는 자신을 조금씩 더 미치게 만들어가고 있는 것이다. 우리는 시간을 부러워하고, 시간에 붙들리고, 시간을 애지중지 지킨다. 그런데 시간을 더 정확히 세면 셀수록 우리에겐 시간이 점점 더 부족해진다.

사실 어떤 사람들은 일을 잘 하기 위해서 시간을 적게 가져야만 한다. 그들에게는 마감시간이 필요하다. 마감시간(deadline)이란 말은 원래 군대의 감옥에서 수감자가 그 선을 넘어가면 총살할 수 있는 선을 의미했다. 마감시간이 다가올 때 우리가 종종 느끼는 기분이 실로 그러하다. ― 마치 곧 죽을 것만 같은 것이다. 하지만 시간이 '다 돼가고 있다'는 느낌을 갖는 것은 일의 가장 어려운 마지막 부분을 해내도록 마음을 집중시켜주는 듯하다. 마감시간은 결승점을 향한 마지막 질주와 같은 가외의 열의를 일궈낼 수 있다. 마감시간이 없으면 아무것도 해내지 못하다가도 마감시간이 압박해오면 다이아몬드도 만들어내는 사람들이 많이 있다.

시간을 어떻게 인식하든 간에, 우리는 아직도 육신을 지닌 존재다. 우리는 세월과 함께 닳아가는 육신을 지니고 있고, 우리 마음의 뒤안에는 귀신의 모습을 한 세월이 무섭게 버티고 있다. 예컨대 여자들이 "생체시계가 돌아가고 있다"고 말할 때, 그건 결코 유쾌한 감정이 아니라 공포의 감정일 뿐이다.

세월에 대한 가장 일반적인 인식은 그것이 '감옥'이라는 것이다. 우리는 세월의 족쇄를 차고 있는 것처럼 느낀다. 우리는 할 일은 너무 많은데 시간은 너무 적게 주어진, 희생자가 된 느낌이다. 날마다 더 많은 시간을 일해야 하고 휴가가 점점 줄어드는 많은 사람들이 더 많은 시간, 아니, 최소한 약간의 시간이라도 쉬기를 갈망한다. 갈수록 일정이 빡빡해지는 인생살이에서 우리는 시간을 놓아 보낼(혹은 그 갈고리를 벗어날) 기회가 없다. 우리는 자녀와 함께 보낼 시간이 없음에 죄책감을 느끼고, 양보다는 질이 중요하다는 말로써 자신을 위로한다. 우리는 문화적으로 체제화된 시간에 지배되어 자신의 고유한 자연적 리듬으로부터는 이방인이 되어 있다. 휴가나 안식년이 주는 진정한 즐거움 중의 하나는 이 일상을 벗어난 기간이 우리에게 시간을 좀더 유연하게 경험할 기회를 준다는 점이다. 잠잘 시간이 지나도록 놀 수도 있고 피곤하면 언제든지 잠잘 수 있다.

하지만 아마도 우리가 진정으로 갈망하는 것은 더 많은 '쉴 시간'이 아니라 '시간으로부터 해방된 기분'인지도 모른다. 우리는 시간을 벗어난 삶은 어떠할지를 맛보고 싶은 것이다. 많은 사람들이 단지 이것을 맛보기 위해서 술과 마약에 눈을 돌린다. 하지만 우리는 꿈이나 이야기, 그리고 공상 속에서도 이것을 경험한다. 이런 세계에서 우리는 시간과 공간으로부터 해방된다. (전설 이야기를 시작하는 첫 구절인 '옛날 옛적에'는 '오래전에'라는 뜻이 아니라 '시간 너머의 세상에'라는 뜻이다.) 꿈속에서 우리는 벽을 지나 걸어갈 수도 있고 변신하여 나무나 동물이나 다른 사람이 될 수도 있고 조상을 만날 수도 있다. 우리는 자신에게 한계가 없음을 느낀다. 우리는 중력의 무게로부터 풀려난다. 아마도 엄마의 자궁 속에 떠 있던 이후로는 맛본 적이 없는 기분 말이다. 꿈, 연극, 영화, 노래, 이야기, 시 속에서 우리는 시간의 감옥을 탈출하여 그 너머의 느낌을 맛본다.

시간의 본질

시간에 대한 우리의 인식이 가변적이기는 하지만 그래도 여전히 우리는 시간이란 객관적인 외부의 어떤 것이라고 믿는다. 하지만 시간의 본질에 대해서는 우리가 모르고 있는 것과 영원히 모를 것이 많고도 많다. 물리학자 폴 데이비스Paul Davies는 이렇게 결론지었다. "정말 정직하게 말하자면, 시간이란 게 진정 무엇이고 그게 왜 존재하는지는 과학자도 철학자도 모르고 있다."[5] 사실 일부 물리학자와 철학자들은 시간이란 것이 애초에 존재하지도 않는다고 주장한다.

이 장의 목적은 시간의 본질을 파헤치려는 것도 아니고 시간의 긴 역사를 말하려는 것도 아니라 시간에 대한 당신의 생각을 느슨하게 풀어놓아 주려는 것이다. 시간의 본질은 마음의 본질과 떼어놓고 생각할 수가 없기에 말이다. 그러니 마음이 바뀌면 시간도 달리 경험된다… 심지어는 시간을 바꿔놓기까지도 할 것이다.

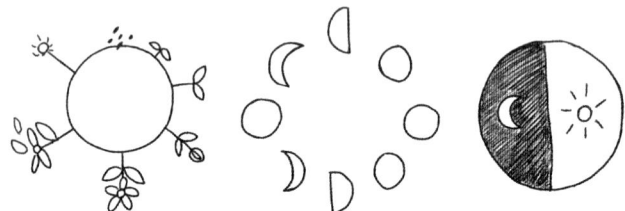

역사를 통틀어서 시간을 바라보는 두 가지 주요한 관점이 있었다. — 순환적인(cyclical) 시간과 직선적인(linear) 시간이 그것이다. 대부분의 사회는 이 두 가지를 적당히 조합해서 믿었다.

순환적인 관점에서는 삶이 진보나 발전 없이 그저 똑같이 반복되는 것처럼 보인다. 그 증거는 바로 우리의 눈앞에 있다. — 태양은 뜨고 지고 또 뜬다. 달은 차고 기울고 또 찬다. 계절은 해마다 돌아온다.

직선적인 시간의 관점에서 보면 시간은 원이 아니라 선으로 경험된다. 똑바로 계속 가다 보면 출발한 곳으로는 결코 돌아올 수가 없다. 직선적인 시간의 증거도 바로 우리 눈앞에 있다. — 식물도 사람도 예측가능한 방향으로 자라고, 늙어간다. 대부분의 사람들에게 '직선적인 시간'은 시간이 정해진 방향을 가지고 있음을 암시한다. 그리고 그 방향은 '앞으로'이다.(물론 무한 길이의 선 위에 서 있다면 어느 쪽이 앞인지는 알 수가 없다. 우리는 그저 사람들이 가고 있는 방향을 따라갈 뿐이다.)

인간이 처음으로 시간을 셈하기 시작했을 때, 그 방법은 단순히 태양과 달의 순환주기를 근거로 한 것이었다. 하루는 해가 떴다가 다시 뜨는 사이의 시간이다. 한 달은 달이 보름달이 되었다가 그다음 보름달이 되는 사이의 기간이다. 그리고 태양년은 동지(혹은 하지)로부터 그다음 동지(하지) 사이의 기간이다.

　약 5천 년 전에 달력이 처음 만들어져서 순환주기들이 직선적으로 누적되는 것을 쉽게 셀 수 있게 되었을 때도 우리는 여전히 이 직선적인 누적이 창조와 파괴의 더 큰 순환주기 속에 들어 있다고 믿었다. 순환적 주기 속에 어떤 직선적인 진행이 있더라도 그것은 일시적인 것으로 간주되었다. 우리는 끝없이 제자리로 돌아오는 우주를 경험하고 있었다.

　달력은 분명히 시간을 셈하고 순서를 매기고자 하는 '시도'였지만 그것이 자연적인 순환주기를 정확히 보여준 적은 한 번도 없다. 자연은 우리가 원하는 것처럼 그렇게 질서정연하지 않다.(예컨대 하루와 한 해를 측정하는 기준인 지구의 자전과 공전도 사실은 불규칙적이다.) 우리의 달력은 정확하고 믿을 만한 시간의 지도라기보다는 정치적, 과학적인 타협의 산물이다.

　예컨대 한 달이라는 개념은 원래 달의 주기에 근거한 것이라서 날짜로 계산되는 달력에는 맞지 않는다. 날짜는 태양 관측에 근거하고 있기 때문이다. 음력으로 한 달은 실제로 29.5 태양일이지만 현재 우리의 '한 달'은 28일, 혹은 29일, 30일, 31일이 되기도 한다. 1년에 열두 달을 가지기 위해서 말이다. 그리고 '한 해'와 '하루'가 우리와 태양의 상대적 위치로부터 나온 것임에도 불구하고 그것은 우리가 바라는 만큼 딱 들어맞아주질 않는다. 1년은 (평균해서) 365일하고도 5시간 48분 45.51초로 되어 있다. 이건 일관적이라거나 근사한 느낌을 주는 숫자가 아니다. 그래서 우리는 윤년을 끼워서 그것을 조정하고, 가끔씩은 몇 초를 끼워 넣기도 한다.

그러니 우리가 지금 생각하고 있는 그 '시간'이 자연의 주기와 완전히 일치하는 것은 결코 아니라는 점을 기억해두기로 하자. 이 같은 시간의 역사는 사실, 인간이 자기가 바라는 것만큼 깔끔히 정돈되고 질서정연하지 못한 자연에다 일종의 정신적, 문화적 질서를 부여하려고 애써온 노력의 역사인 것이다.

직선적인 시간관념은 이 우주의 시작이 신의 일회적인 창조행위로부터 비롯되었다고 주장하는 기독교의 창세기에 의해 대단한 인기를 얻었다. 이러한 시간관념은 기독교와 이슬람교 문명의 번성과 함께 널리 퍼져나갔다.[6] 우리의 세계가 창조와 파괴가 반복되는 끝없는 순환 속의 한 바퀴일 뿐이라는 생각은 어느새 간데없이 사라져버렸다. 시작점이 정해져 있다는 생각은 또한 우리가 어디로 가고 있는지에 대한 생각도 일으켜놓았다. 과거와 미래가 완전히 새로운 차원의 느낌을 띠게 되었다.

그러나 직선적인 시간감각의 출현에도 불구하고 시각을 재는 능력, 그리고 그에 따른 시간감각은 여전히 오랜 세월이 지나도록 대략적인 것으로 남아 있었다. 비교적 최근에 들어서야 우리는 정교한 시계장치와 시간을 알아내고 재는 일관된 이론을 갖출 수 있게 되었다.

어떤 종류든 시계가 생기기 전의 삶은 어땠을지를 상상해보는 것도 흥미롭다. 그때는 시간을 어떻게 알았을까? 일정한 시간이 지났는지를 어떻게 알 수 있었을까? 원시적 형태의 시계장치는 별 도움이 되지 않았다. 그림자의 방향으로 시간을 재는 해시계는 햇빛이 비칠 때만 볼 수 있었고 위도가 바뀔 때마다 조정해야만 했다. 어떤 문화권에서는 모래시계를 사용하거나 향을 피워서 일정한 길이의 시간을 재었다. 하지만 이런 장치는 전체 시간 속에서 시각을 알아내줄 수는 없었다.

유럽에서 톱니바퀴를 사용한 시계장치가 사용되기 시작한 것은 11세기에 들어와서다. 그리고 모든 사람에게 일종의 표준시간이 알려진(들려진) 것은 14세기에 와서 유럽 전역에 시계탑을 가진 건물들이 지어지고 나서다. 그리고 시간을 대략적으로나마 정확하게 알아냈다고 말할 수 있게 된 것은 17세기에 추시계가 등장하고 나서부터다. 추시계가 발명되기 이전의 시계들은 하루에 15분 전후의 오차를 보였다. 시계에 추를 사용한 이후로 그 오차는 하루에 15초 전후로 줄어들었다.

시간과 관계된 그다음의 큰 발전은 17세기 말 물리학자 아이작 뉴턴의 등장과 함께 왔다. 뉴턴의 관점에서는 공간과 시간이란 만물이 그 안에서 움직이는 거대한 그릇, 혹은 눈금종이와도 같았다. 시간은 다른 어떤 것에도 의거하지 않고 독자적으로 지나갔다. 뉴턴의 법칙은 절대적인 — 변함없고 너무나 당연한 — 공간과 시간을 가진 우주를 요구했다.

뉴턴은 우주 자체를 시계장치에 비유했다. 신은 톱니가 돌아가게 만드는 시계 제조공이었고 우주는 마치 시계처럼 신이 정한 규칙에 따라 돌아갔다. (이 비유를 들 때 아마도 뉴턴은 당시의 신발명품에 영향받았으리라. — 최초의 추시계가 바로 30년 전에 만들어졌으니까.)

뉴턴의 발견은 엄청난 예지력을 발휘했다. 그리하여 그의 생각은 과학과 산업의 혁명에 강력히 기여했다. 그의 '시계장치 우주'의 비유는 300년 이상 지나도록 시간에 대한 지배적인 관념이 되었다. 우리는 시간을 '외부에' 고정되어 있는 무엇으로 보게 되었다. 그게 정말로 우주의 어딘가에 박혀서 시간을 재고 있는 거대한 시계라도 되는 것처럼 말이다.

뉴턴의 역학으로부터 '기계화' 시대가 도래했다. 물질과 그것이 작용하는 이치에 대한 지식으로 무장한 엔지니어들은 세상에 극적인 변화를 일으킬 수 있었다. 우리는 모든 것이 기계처럼 예측가능하고 통제가능하다고 믿게 되었다. ― x를 집어넣으면 y가 나온다. 그리고 당신은 그것이 언제 나올지를 알고 있다. 이것은 분명히 과거가 현재의 원인이고 현재가 미래의 원인이라는 우리의 느낌에 확신을 보태주는 것처럼 보였다. 달리 말해서, 뉴턴의 법칙은 직선적인 시간관념에 힘을 보태주었다. 게다가 직선적인 진보는 가능할 뿐만 아니라 예측가능한 것이었다.

그렇기는 해도 다른 곳에서는 시간이 어떻게 되는지를 쉽게 알 수 있는 방법이 알려지게 된 것은 19세기 중반에 와서였다. 세계가 시간대별로 구분되기 전까지는 무릇 시간이란 '지극히 국소적인' 것이었음을 기억하라. ― 시간은 '당신'을 기준으로 태양이 어디에 위치해 있는지에 따라 정해졌다. 그것은 큰 문제가 아니었다. 전보가 발명되고 철도가 생활의 속도를 가속시키기 전까지는 말이다. 목적지에 다다랐을 때 그곳의 시간이 몇 시인지를 알아내는 것은 매우 중요하면서도 너무나 계산하기가 어려웠다. 1851년에 런던 세계박람회가 열리면서 대영제국의 모든 곳으로부터 600만 명의 사람들이 기차를 타고 달려왔을 때 그 문제는 심각하게 불거졌다. 기차시간표를 만들거나 그것을 보려는 사람들에게는 특히나 말이다.

그 해결책이 대영제국을 총괄하는 표준시간으로 제정된 그리니치 표준시였다. 1852년에 정해진 이 표준시는 하루에 두 번씩 전보를 통해 전국에 송신되어 모든 사람이 즉시 '공식' 시각 — 전국 표준시 — 을 알 수 있게 되었다. 1884년에는 국제 경도經度회의라는 국제기구가 묘수를 발휘하여 그리니치 표준시를 기준으로 하여 전 세계를 시간대별로 구분하는 표준화 작업에 성공했다.

이것은 아마도 시간에 핸들을 부착시키려는 인류의 노력이 일궈낸 가장 위대한 업적일 것이다. 마침내 각 나라들(혹은 넓은 구역들)은 일관적인 시간을 가지게 되었고 다른 곳은 몇 시인지를 알 수 있게 되어 여행하고 소통하면서 사업활동을 하는 것도 한층 수월해졌다. 그러나 이 시스템에는 한 가지 큰 결점이 있었으니, 대부분의 지역에서 이제 시간은 '자연의' 시간이 아니게 된 것이다. 이제는 시간을 알기 위해 해를 바라보는 것이 아니라 시계를 봐야 했고, 그 시계는 중앙의 당국에 의해 맞춰진 것이었다. 이것은 분명히 생활을 편리하게 해주기는 하지만 자연의 리듬과 완전히 일치하지는 않는다.

시간을 직선적인 것으로 보는 믿음은 19세기 말에서 20세기 초 사이에 생겨난 새로운 발견과 이론들에 의해 또 한 번 성황을 이루었다.[7] 진화론은 방향과 발전이라는 개념에 힘을 실어줬다. 빅뱅 이론은 시간의 탄생이라는 개념에 과학적인 근거를 마련해줬다. 민주주의와 시민권 운동의 확산은 발전이라는 개념에 대한 우리의 믿음에 확신을 보태주었다.

아마도 직선적 시간의 승리를 알려준 가장 충격적인 사건은 디지털시계의 발명이리라. 큰 침과 작은 침이 끝없이 돌아가는 아날로그시계

는 시간이 순환적인 것임을 보여주는 강력한 시각적 암시였다. 그러나 디지털시계에서는 시간은 정말 단지 누적되어가기만 하는 것처럼 보인다. 이제 시간은 손목시계에, 전화기에, 컴퓨터에, '숫자로' 표시된다.

이젠 시간이 직선적(그리고 진보적)인 것이라는 믿음이 시간이 순환적인 것이라는 생각을 거의 완전히 무색해지게 만들어버렸다. 우리는 더 이상 자신이 자연의 순환주기 속에 속해 있다고도, 삶이 반복되는 것이라고도 느끼지 않는다. 산업화된 나라들은 그저 발전과 성장만을 생각한다. 우리는 우리의 삶이 뭔가에 도달하기 위해 '계속 쌓여져 가야만' 한다고 믿는다. 우리는 자신이 어딘가에 도달해가고 있다고 믿고 싶어한다.

하지만 20세기의 발견들, 특히 아인슈타인의 특수상대성원리는 직선적 시간이라는 개념에 의문을 던졌고, 시간이 절대적인 것이지도, 객관적인 것이지도 않다는 것을 보여주었다. 아인슈타인의 이론은 시간과 공간과 물체의 운동은 서로 깊이 연관되어 있다고 말한다. 어떤 사건이 일어나는 시간은 실제로 당신이 그 사건으로부터 얼마나 떨어져 있는

가, 당신이 얼마나 빨리, 어떤 방향으로 움직이고 있는가에 좌우된다. (이 이론은 훗날 빠른 속도로 나는 비행기 위의 원자시계가 지상의 원자시계보다 느리게 간다는 실험결과에 의해 증명되었다.)

아인슈타인에 의하면, 모든 사람에게 동시에 참인 '지금'은 과학적으로 입증할 수가 없다. — 모든 사람의 시간은 다르다는 것이다. '당신의' 지금이 있고, '나의' 지금이 있을 뿐, 객관적인 '지금'은 존재하지 않는다. 우주의 곳곳마다 시간은 같지 않다. 아인슈타인은 시간이 상대적임을 증명한 것이다.

(아인슈타인의 이론은 충격적으로 다가왔지만 그것을 자세히 들여다보면 나날의 경험 속에서도 그 증거를 찾아볼 수 있다. '시간'을 말할 때 우리는 흔히 그것을 '공간'의 맥락에서 말한다. — 시간의 '길이', 시간의 '양', 그리고 시간의 '구간' 등으로 말이다. 우리는 하루가 "꽉 찼다"든가 "틈이 없다"고 표현한다. 사실은 '약간의 시간'을 원할 때, 우리는 '약간의 공간'이 필요하다고 말하기도 한다. 우리는 아이들에게 '쉬는 시간'을 주는데, 이것은 '혼자 있을 공간'을 뜻하기도 한다.)

아인슈타인의 발견 중에서 가장 놀라운 결론 중의 하나는, 한 사건이 어떤 관찰자에게는 과거에 일어났지만 어떤 관찰자에게는 아직도 미래의 것일 수 있다는 사실이다. 아인슈타인은 실제로, "아무리 분명하고 확고해 보일지라도 과거와 현재와 미래란 한갓 환영일 뿐이다"[8]라고 결론지었다. 이것은 직선적인 시간관념에 대한 중대한 도전이다. — 과거와 현재와 미래가 없다면 어떻게 시간이 앞으로 전진해간다고 말할 수 있겠는가? 어떻게 시간을 직선적으로 생각할 수가 있겠는가? 그리고 시간이 앞으로 나아가고 있지 않다면, 그건 도대체 뭔가?

과거와 미래가 상대적이라면 우리는 더 이상 시간을 한 방향으로 깔려 있는 것으로 생각할 수가 없다. 이제는 물리학자들도 과거에는 공상과학소설이었던 시간여행, 평행우주, 다중현실 등을 진지하게 거론하고 있다. 그보다도 더 중요한 것은, 만일 과거와 미래가 절대적인 것이 아니라면, 한 방향으로 놓여 있는 것이 아니라면 우리는 과거가 현재의 원인이고 현재가 미래의 원인이라는 가정을 버려야만 한다는 사실이다. 심지어는 무엇이 다른 무엇의 원인이 된다는 생각조차 버려야만 할지도 모른다.

직선적인 시간이 이야기의 전부가 아니라는 사실이 점점 분명해져가고 있다. 이제 일부 역사가들은 '카오스 시간'이라 불리는 새로운 시간 관념이 직선적인 시간관념을 밀어내고 있다고 믿는다. 이것은 당신이 들어보진 못했을지 몰라도 느껴본 적은 있을지도 모른다. '카오스 시

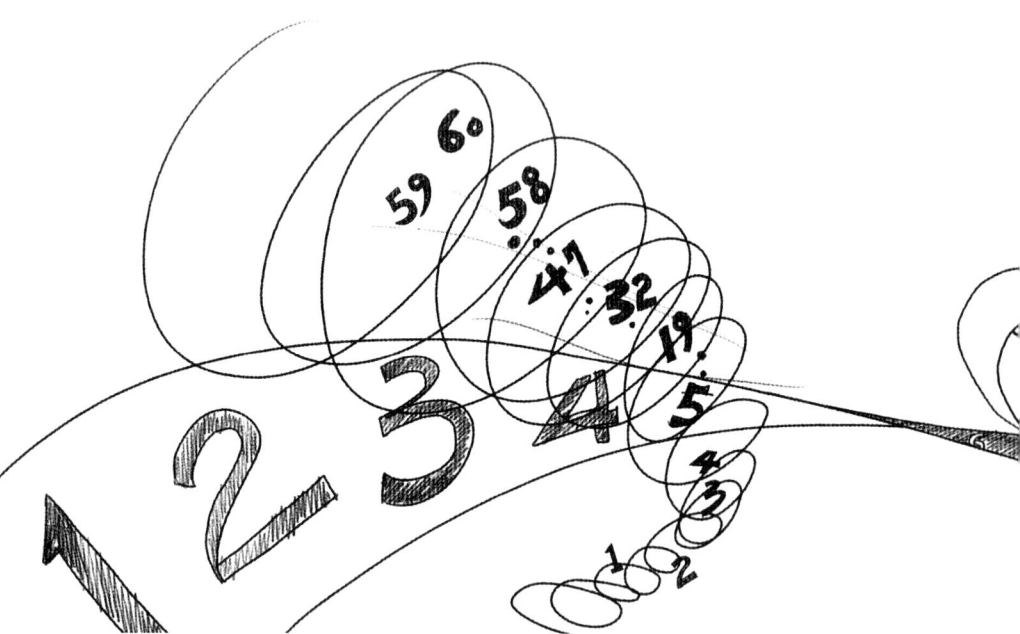

간'은 '순차적인 설명이나 이야기'에 대한 믿음이 없는 세상을 묘사한다. 우리는 이제 더 이상 자신이 어딘가로 도달해가고 있다고 믿지 않는다. 그리고 미래는 과거보다 더 나으리라는 확신도 잃어버렸다. 시간이 다른 곳의 다른 사람들에게는 달리 경험된다는 사실을 인정한다. 우리의 삶과 문화에 관한 일관된 스토리를 이야기하는 것이 어렵게 되었다. 과거, 현재, 미래가 안무하기 힘든 복잡다단한 춤사위 속에 얽혀 있다. '진보'라는 것이 존재하기나 한다면, 그것이 그토록 좋은 것이라고도 할 수 없을 것이다. 이 사실은 어떤 사람들을 매우 불편하게 만들지만 또 어떤 사람들은 춤추고 싶어지게 만든다.

    그러나 우리의 시간관념이 어떤 것이든 간에, 시계는 한 번도 시간을 진정으로 측정해낸 적이 없다는 사실을 명심하는 것이 중요하다. 시간은 '저 밖에' 있는 측정할 수 있는 무엇이 결코 아니다. 이것이 우리가

시간에 대해 갖고 있는 가장 끈질긴 착각이지만 말이다. 우리가 하루를 나누는 방식 — 시간, 분, 초 — 은 단지 하나의 합의일 뿐이다. (실제로, 바로 1997년에만 해도 1초의 정의가 수정됐었다.) 하루를 열두 시간이나(어떤 문화권은 실제로 이렇게 나눈다) 열 시간(혁명 이후에 프랑스인들이 제안한 시스템이다)으로 나눠도 아무런 상관이 없다. 사실 거의 2,500년 동안 대부분의 문화권은 '유동 시간(temporal hours)'이라는 시스템을 사용했다. 여기서는 계절과 상관없이 낮은 항상 열두 시간으로 이뤄져 있었다. 이렇게 하기 위해서는 '한 시간'의 길이가 계절에 따라 변해야 했다.

사실 문제는, 아무도 시간이 정말 무엇인지는 모르고 있다는 점이다. 물리학자 폴 데이비스는 《시간에 대하여(About Time)》라는 두 번째 저서의 서문에서 시간에 대한 과학이론을 요약하여 이렇게 말한다. "… 이 책을 읽고 나면 이전보다 시간이 뭔지 더 헷갈리게 될 것이다. 그건 괜찮다. 나는 이것을 쓰고 나서 그보다 더 헷갈렸으니까."[9]

오늘날의 일부 물리학자들은 거기다 한 술 더 뜬다. 줄리안 바버Julian Barbour는 도발적인 저서 《시간의 종말(The End of Time)》에서 이렇게 말한다. "중요한 것은, 시간이 어떤 '것(something)'이라는 생각에서 멀어지는 것이다. 시간은 존재하지 않는다. 존재하는 것은 오직 변화해가는 '사물들(things)'뿐이다. 우리가 시간이라 부르는 것은 — 최소한 고전물리학에서는 — 단지 변화를 지배하는 법칙들의 복합체일 뿐이다."[10] 달리 말하자면, 우리는 사물이 변화해가는 것을 경험하고, 그 변화를 이해하기 위해 법칙을 필요로 한다. 그리고 그 법칙들을 '시간'이라고 부르고 있는 것이다. 그런 법칙들이 존재하는지, 아니면 그게 그저 우리 마음속의 하나의 인상이나 구조물인지는 아직도 수수께끼다.

*

시간이 과연 무엇인지는 아무도 모른다는 사실을, 시간이 존재하지 않을지도 모른다는 것을, 그리고 존재한다고 하더라도 그것은 상대적이라는 것을 받아들인다면 순간을 통달하는 데 도움이 될 것이다. 정말로 순간을 통달하려면 시간이 째깍거리면서 가차 없이 지나가는 외부의 절대적인 어떤 '것'이라거나, 직선적인 시간만이 이 동네의 유일한 게임이라는 생각부터 맨 먼저 버려야만 하기 때문이다. 시간이 — 최소한 어느 정도는 — 우리 마음의 투사물임을 이해해야만 한다. 최소한 잠시나마 시간에 대한 자신의 선입관념으로부터 자신을 떼놓을 수 있다는 것을 믿기 시작해야만 한다.

직선적인 시간도 분명 쓸모는 있지만, 카오스 시간은 아마도 우리가 쳇바퀴에서 내려오도록 도와줄 것이다. 절대적인 시간은 분명히 효율적이다. 하지만 상대적 시간은 아마도 우리를 절대적 시간의 폭정으로부터 해방시켜줄 것이다. 어쩌면 우리는 시간의 제물 노릇을 그만둘 수 있을 것이다. 어쩌면 우리는 시간이 생각만큼 실질적인 것이 아니라는 것을 알고, 그것을 가지고 노는 법을 배울 수 있을지도 모른다. 시간이 스스로 붙잡히려고 나설 때만 정말로 순간을 붙잡을 수 있기 때문이다.

4부
고급 연습

한 호흡 명상

고급 훈련의 첫 단계인 여기서는 휴대용 1분 명상의 길이를 점차 줄여가다가 그것이 한 순간에 가까워지게 하는 법을 배울 것이다. 여기서 중요한 단어는 '점차'라는 말이다. 다음이 그 방법이다.

휴대용 1분 명상을 위해 사용해왔던 평균호흡수를 가지고 시작하라. 그리고 이것을 한 호흡씩 줄여가라. 예컨대, 당신의 평균호흡수가 30이었다면 그것을 28로 줄이라. 호흡을 더 깊게, 혹은 느리게 할 필요가 없다. 1분을 채워서 하려고 할 필요도 없다. 달리 말해서, 휴대용 1분 명상이 휴대용 1분 미만의 명상이 되는 것이다. 당신은 더 짧은 시간에 고요한 상태로 들어가기를 배우고 있는 것이다. 이것을 '순발력 훈련'으로 생각하라. 인내심 훈련과는 반대다.

워밍업과 쿨링다운도 계속해서 하라. 그리고 이제까지 그래왔던 것처럼 눈은 감고 주의를 호흡에 몰입시키라. 이 연습에서 당신은 기본 1분 명상에서 느꼈던 것과 똑같이 평화로운 느낌을 느껴야 한다. 단지 더 빠른 시간 안에 말이다.

이것을 일주일 동안 한 후에 호흡수를 한 번 더 줄이라.(28에서 26으로) 이것을 일주일 동안 하라. 그다음에는 또 호흡수를 줄이고 일주일 동안 그렇게 하기를 계속 해나가라.

뭔가 빠진 것 같다고 느껴진다면 — 1분 명상을 할 때처럼 깊이 가닿지 못하고 있다면 — 호흡수를 다시 더하라. 심지어는 이 훈련을 다시 할 준비가 제대로 될 때까지 1분 명상으로 되돌아가라. 이 순발력 훈련은 성급한 마음으로는 해낼 수 없다는 점을 명심하라.

하지만 스스로 진도에 만족한다면 단 한 호흡에 1분 명상의 깊이에 도달할 수 있게 될 때까지 매 주일마다 호흡수를 계속 줄여나가라. 이것이 '한 호흡 명상'이다. 이제 당신은 1분이 걸렸던 정화와 재충전의 효과를 단 한 차례의 호흡으로 경험하고 있는 것이다.

한 호흡 명상은 매우 짧지만 엄청난 가치를 지니고 있다. 이제는 응급용 1분 명상, 깜짝 1분 명상, 보너스 1분 명상 대신에 이것을 하면 된다. 하지만 결코 급하게 하지는 말라. 연습 전후에 짧은 의식을 치르는 것을 잊지 말라. 그리고 눈을 뜨기 전에 날숨을 완전히 내쉬도록 하고 눈은 매우 천천히 떠라. 달리 말해서, 이것은 짧은 연습이지만 온전한 주의를 요구한다.

한 호흡에 도달할 때까지
일주일에 한 호흡씩 줄여가면서 계속 연습하라.
다음 연습으로 넘어가기 전에
한 호흡 명상에 완전히 익숙하고 편안해져야만 한다.

핸들 놓기

지금까지 당신은 일상적인 시간으로부터 뭔가 비범한 것을 찾아낼 특별한 시간을 — 시간으로부터 시간을 — 도려내기 위해 워밍업과 쿨링다운을 이용했다. 이를테면 워밍업에서는 '여기 뭔가 특별한 것이 온다'고 말했고, 쿨링다운에서는 '이건 정말 특별한 것이었어'라고 말했다. 하지만 하다 보면 자칫 의식儀式에 지나치게 의존하게 될 수도 있다. 그래서 이 장에서는 그것 없이 하는 법을 배우게 될 것이다.

의식을 하루아침에 그만두면 불안감이 일어날 수 있다. 의식을 치르지 않으면 당신의 평화의 경험에 '테두리를 둘러 액자로 만들' 수가 없게 되어서 마음이 불안해진다. 연습의 '전'과 '후'가 없어지는 것이다. 그러면 당신은 자신이 왜 이 경험을 '항상' 하지 않고 있을까 하는 의문을 품기 시작하게 될지도 모른다. 원할 때마다 언제나 이 청명하고 고요한 상태로 들어가지 못하도록 막는 것은 무엇일까? 무엇이 당신을 이 본래의 평화 속에 있지 못하게 평생 가로막고 있을까? 자, 우리가 이제 의식을 그만두는 이유가 바로 그것이다. — 이 의문을 제기하기 위해서 말이다.

의식을 그만두는 것은, 당신이 삶을 작은 단위로 도려내지 않는 편이 오히려 더 낫다는 것을 깨닫도록 돕기 위해서다. 의식을 그만두는 것은, 당신으로 하여금 일상 속에서 비범한 것을 찾도록, 그리고 나아가서 일상적인 삶 자체가 이미 비범한 것임을 깨닫도록 돕기 위해서다. 의식을 그만두면, 당신은 일상적인 것과 비범한 것의 유일한 차이는 주의를 집중하고 사물을 인식하는 '방식'에 있음을, 그리고 시간을 어떻게 경험하기로 '선택'하느냐 하는 데에 있음을 깨닫게 된다. 의식을 그만두면, 당신은 어떤 특별한 준비나 조건 없이도 지금 당장 더 평화로워지기로 선택할 수 있다는 사실을 깨닫게 될지도 모른다. 할 수 있겠는가?

지금, 한 호흡 명상을 의식儀式 없이 해보라.

이 변화가 너무 갑작스럽거나 심하게 느껴진다면 한 번에 워밍업이나 쿨링다운 중 하나의 의식만 그만두라. 스트레스를 받을 때나 마음이 혼란스러울 경우에는 의식을 다시 치러도 아무런 상관이 없다. 요점은, 지금 당장 하던 일을 멈추고 자신의 호흡과 함께하기 위해 그저 눈을 감기로 마음만 먹으면 요란한 의식 없이도 평화로운 상태로 들어갈 수가 있음을 당신이 깨닫게 하려는 것이다. 하루 중 언제든지, 아무런 특별한 조건 없이도 그저 그렇게 될 수 있다.

의식을 그만두면 한 호흡 명상은 더욱 휴대하기 간편하고 유용한 것이 된다. 당신은 그것을 거의 어디서나, 거의 언제나 할 수 있다. ― 신호등을 기다리면서, 줄을 서 있으면서, 회의실에 앉아서도. 이메일을 보내기 직전에 그것에 대한 확신을 점검하기 위해서 한 호흡 명상을 할 수도 있다. 계약서에 서명한 후에, 결심을 굳힌 기념으로 한 호흡 명상을 할 수도 있다. 사실 한 호흡 명상은 중요한 일이나 사건, 심지어는 생각의 시작과 끝을 장식하는 마감재로 사용할 수도 있다.

그런 의미에서 보면 사실 한 호흡 명상 자체가 하나의 의식이 된다. — 당신은 그것을 모든 일의 워밍업이나 쿨링다운 의식으로서 사용할 수 있다. 그저 주의를 세상으로부터 철수하여 호흡 속으로 몰입시키라. 그리고 본연의 평화 속으로 들어가라. 아무도 눈치조차 못 챌 것이다.

다른 사람들의 요구에 파묻혀서 자신만의 시간과 공간을 찾을 수 없게 되었을 때도, 이제 당신은 거의 전천후로 거의 한 순간에 써먹을 수 있는 놀라운 도구를 보유하게 됐다. 당신은 한 호흡 명상의 달인이 된 것이다. (아직 한 '순간'에는 이르지 못했지만, 당신은 거기에 다가가고 있다.)

진도를 더 나가기 전에 최소한 하루에 한 번씩 일주일간
핸들을 뗀 한 호흡 명상을 하라.

(날숨을 완전히 내뱉고 나서 눈을 아주 천천히 뜨도록 하라.)

순간의 알아차림

이제는 약간의 평화를 얻기 위해 1분이나 되는 시간과 그 모든 소도구 — 자명종 시계, 워밍업, 혼자만의 공간 등 — 를 구비해야만 했던 옛날이 희미한 기억, 당신의 수련기의 석기시대처럼 느껴지리라. 이제 당신의 연습은 시간이 거의 들지 않는다. 더 이상 해야 할 일이 있는지조차 상상하기가 어렵다. 버려야 할 소도구가 아직도 남아 있다고는 믿기가 어렵다. 하지만 있다.

이제 당신은 한 호흡 명상을 언제 어디서나 맘대로 할 수 있게 되었으니 이젠 통제하려는 마음을 조금 내려놓을 때가 됐다. 이제는 당신이 한 호흡 명상을 해야 할 때인지 아닌지를 세상이 결정하도록 내버려둘 때가 된 것이다. 물론 이것은 우리가 배운 삶의 방식이 아니다. 우리는 자신의 스케줄을 스스로 통제할 수 있기를 원한다. 우리는 시간을 통제하기를 원한다. 그러나 이 연습의 요점은, 세상이 원한다면 당신에게 한 호흡 명상을 하라고 일러주도록 놔둬보는 것이다.

사실 이것은 통달을 위한 중요한 요소다. 달인은 예고가 없어도 언제든지 행동을 취할 준비가 되어 있어야만 하기 때문이다. 이 연습은 비파사나 스승인 틱 낫 한이 가르친 저 유명한 '전화 명상'에서 영감을 받아 만든 것이다. 그는 전화벨이 울릴 때 당장 하던 일을 멈추고 수화기를 들어 응답하는 대신, 첫 번째 벨이 울리는 시간을 잠시 멈춰서 심호흡을 할 시간으로 삼기를 권한다. 그러고 나서 응답을 하는 것이다. 이것을 위해서 꼭 전화를 이용해야만 하는 것은 아니다. 무엇이든지 당신 마음에 드는 것을 방아쇠로 삼을 수 있다. 교회 종소리를 들을 때마다, 아니면 TV에 광고가 나올 때마다, 아니면 한 문단을 다 읽을 때마다 한 호흡 명상을 하라.

가장 잦은 것과 가장 드문 것을 골라서 실험해볼 수도 있고 여러 가지의 방아쇠를 동시에 써볼 수도 있다. '이번 주의 방아쇠'를 정해볼 수도 있고 집과 직장, 도심과 변두리 등 장소마다 다른 방아쇠를 정할 수도 있다. 초인종, 사이렌, 변기 물 내리는 소리, 자동차 경적, 까치 소리, 아기 우는 소리 등 무엇이든지 방아쇠로 이용할 수 있다. 가능성은 끝이 없다. 남은 평생 동안 이것을 하는 것도 고려해보라.

하루 동안 한 호흡 명상을 위해 동원할 수 있는
모든 방아쇠를 찾아보고 적으라.
한 가지 방아쇠를 골라서 일주일 동안 사용해보라.
다른 방아쇠를 골라서 일주일 동안 더 해본 후에 다음으로 넘어가라.

찰나적 깨어 있음

사실 다음 단계의 훈련은 '연습할' 수가 없는 성질의 것이다. — 최소한 지금까지 해온 것과 같은 방식으로는. 이 단계에서는 특정한 시간에 한 호흡 명상을 하기로 마음먹거나 선택한 방아쇠가 당겨지기를 기다리는 대신, 그저 그것이 저절로 일어나도록 놔둔다. 그게 일어나면 언제든지 눈을 감고 주의를 오롯이 기울여 한 호흡 명상을 하라. 지금처럼, 마음에 생각이 떠오르자마자 하라.

이것을 아무런 단서도 없이 그저 언제 어디서든 일어날 때 하라. 그것이 일어날 때마다 일어나도록 놔두라. 이제 당신의 훈련에는 더 이상 어떤 의식이나 호흡수 헤아리기 등이 필요하지 않다. 그저 눈을 감고 호흡과 함께하면서 그것을 온전히 알아차리라. 그런 다음에 하던 일이나 하던 생각으로 돌아가라. 시간이 얼마나 걸릴지 따위에는 신경 쓰지 말라. 아마 당신도 깨달았겠지만, 이것을 할 때마다 당신은 시간을 잃는 것이 아니라 시간을 찾는 것이다.

당신이 지금까지 배운 모든 방법을 무엇이든 계속 연습해가기를 권하지만, 지금쯤 당신은 아마도 뭔가 놀라운 사실을 알아차렸으리라. 공식적인 연습을 하지 않아도, 핸들을 놔버리고 있어도 온종일 당신은 고요한 상태가 불현듯 잠시 잠시 지나가는 것을 느낀다. 하루에도 여러 번 1~2초 동안씩, 자신이 심호흡을 하면서 익숙한 고요 상태로 돌아가는 것을 발견한다. 달리 말해서, 이제 당신은 삶이란 곧 평화의 상태로 돌아갈 무수한 기회를 제공해주는 방아쇠들의 연속이라는 사실을 깨닫는다. '당신이' 고요를 찾고 있는 것이 아니라 고요가 당신을 찾고 있다. 고요는 당신의 진정한 본성으로서 자신을 드러내기 시작한다. 당신은 그 순간을 만날 준비가 언제든지 되어 있다.

5부
순간과의 만남

순간이란 무엇인가

1분 명상의 길이를 조금씩 조금씩 줄여가다가 당신은 정말 한 순간, 한 찰나에 다가가고 있다. 하지만 순간이란 과연 무엇일까? 살펴본 대로 시간은 정의하기가 힘들다. 순간은 더욱 그렇다. 한 순간을 과연 어떻게 측정할 수가 있을 것인가? 지도에 나와 있는가? 손으로 잡을 수 있는가? 한 순간이라고 계측된 시간의 조각이 어디에 있기나 한가?

나는 당신이 순간이라는 것이 무엇인지를(그리고 그것이 왜 그토록 이해하기 어려운지를) 이해하도록 돕기 위해 '생각 연습'을 하나 제시한다. 당신의 깊은 과거로부터 까마득한 미래로 뻗쳐 있는 하나의 직선을 상상해 보라. 이것이 시간선이다. 당신은 이 상상 속의 선 위에서 자신의 삶을 펼쳐낸다. 당신의 마음은 대부분의 시간 동안 이 선의 한 일부분에 몰두해 있다. — 어떤 과거나 미래에 관한 생각과 기분에 말이다. 당신은 과거를 회상하고 후회하면서 그것을 아름답고 낭만적인 것으로 재구성한다. 아니면 아직 가지지 못한 것을 가지기를 갈망하고, 상상하는 결과를 얻기 위해 일하고, 가고 싶은 곳에 가 있는 미래를 꿈꾼다.

이제 그 선을 양쪽 모두 같은 속도로 자신에게로 감아 들인다고 상상하라. 그것이 당신이 있는 지점으로 감겨져 오면, 언젠가는 시간이 다 감겨들어서 과거도 미래도 없어지게 될 것이다. 이 차원 없는 — 어느 쪽으로도 뻗쳐져 있지 않은 — 점이 '바로 지금'이다. 이것이 순간이다.

과거와 미래란 우리의 마음에 출몰하여 지금 여기에 실제로 일어나고 있는 일로부터 마음을 흩어놓는 유령과도 같다. 이 유령들은 순간을 무서워한다. 왜냐하면 그것들은 거기서는 존재할 수가 없기 때문이다. 과거는 (별로 정확하지도 못한) 한갓 기억이고 미래는 공상에 지나지 않는다. 순간 속에서, 오직 순간 속에서만 그토록 평화로움을 느끼는 이유도, 순간 속에서 당신은 과거의 짐을 지고 있지도 미래의 꿈을 좇고 있지도 않기 때문이다. 순간 속에서는 당신도 유령을 좇기를 그치고, 유령도 당신을 좇기를 그친다.

순간은 어떤 시간 길이 동안도 존재하지 않으므로 그것은 시간의 한 '단위'가 아니다. 실제로 순간은 결코 어떤 '것(thing)'이 아니다. ― 그래서 그것을 붙잡을 수가 없는 것이다. 나는 순간이 사실은 하나의 경험이라고 믿는다. ― 시간이 무시간(timelessness)에게 자리를 양보하고 물러나는 그런 경험 말이다. 달리 말해서, 순간은 시간이 사라지는 점이다. 그것은 너무나 작아서 사실은 거대하다. 그것은 무한소여서 사실은 무한대이다.

순간 속에 온전히 머물면 당신의 일상적인 시간경험은 멈춰버린다. ― 마치 시간 자체가 멈춘 것처럼. 이것이 순간 속에 있는 것이 그토록 비범한 이유이고, 무수한 구도자들이 그토록 그것을 열망하는 이유다. 순간 속에서 당신은 영원을 만난다.

그리고 순간 속에서, 시간으로부터의 이 해방 상태에서 다른 많은 일이, 절로 일어날 수 있다. 자기 자신에 대해 뭔가를 깨달을 수도 있다. 새로운 아이디어를 얻을 수도 있다. 당신과 만물 사이의 본질적인 상호연결성을 경험하게 될 수도 있다. 아무런 이유도 없이 미소가 떠올려질 수도 있다. 모든 것의 있는 그대로의 완벽함에 웃음을 터뜨릴 수도 있고 눈물을 쏟을 수도 있다. 심지어는 이전보다 훨씬, 훨씬 더 광대한 관점으로부터 이 우주를 경험하게 될 수도 있다.

순간 속에서는 또한 아무런 경험도 하지 않을 수도 있다. 달리 말해서, 당신은 그저 존재하기를 멈춘다. 당신은 거기에 없다. 무엇을 경험할 당신이 없다. 이것은 무엇보다도 가장 중대한 순간일 수 있다. 사실, 순간은 너무나 비범한 것이어서 그것을 제대로 묘사할 수 있는 말이 없다. 일본의 선승 서행법사西行法師(Saigyo)는 그것을 이렇게 말했다.

그것이 무엇인지
나는 모른다,
다만 감사의 정에
눈물이 떨어질 뿐.

순간 이전

순간에 가까이 다가갈수록 이상한 일들이 일어나기 시작할 수 있다. 몸이 떨리기 시작하는 것을 발견할 수도 있다. '난 거기 가지 않을 거야' 하고 생각하는 자신을 발견할 수도 있다. 머리가 터질 것 같은 느낌을 느낄 수도 있다. 그보다는 당신이 순간에 다가가지 못하도록 마음에 온갖 생각 — 일부는 꽤 영리한 — 이 어지럽게 일어날 수도 있다. 이 얼마나 희한한 일인가. — 여러 달, 혹은 여러 해 동안 추구해온 무엇에 그토록 가까이 다가와 있는데 당신은 그 반대 방향으로 달아나고 있는 것 같다. 왜 그럴까?

순간 속에 머무는 것은 일상적인 자아개념을 버릴 것을 요구한다. 하지만 우린 정말 그렇게 하고 싶진 않다. 우리의 '자아'는 과거의 경험(그리고 그로부터 '배운' 교훈)과 미래에 대한 희망과 기대 위에 형성되어 있는데, 순간 속에는 그중 아무것도 없다. 하지만 우리는 과거와 미래 속에서 너무나 많은 시간을 '살고 있기' 때문에 과거와 미래가 없으면 자신이 어떻게 될지를 모른다.

이보다 더 근원적인 차원에서는, 우리의 자아개념은 '과거와 미래라는 것이 있다는 생각'에 근거해 있다. '자아정체성'이라는 개념 자체도 '자신'과 관련된 뭔가가 시간을 두고 지속된다는 — 우리가 순간순간 본질적으로 동일한 인물로 존속하고 있다는 — 가정에 근거를 두고 있다. 그러니 과거와 미래라는 개념을 버리면 당신은 동시에 '나'라는 개념도 버리게 되는 것이다. 이 때문에 가장 깊은 형태의 순간의 경험은 사람을 실로 겸허해지게 만든다.

사실 순간의 경험은 죽음이다. — 육신의 죽음이 아니라 당신이 자신이라고 '생각하는' 그것의 죽음 말이다. 그것이 무서운 경험이 될 수 있는 이유가 이 때문이다. '나'가 없으면 무엇이 될지를 모르니까 말이다. 하지만 죽는 것은 단지 당신 자신에 대한 당신의 '생각'일 뿐이다. — 신비가들이 말하는 '작은 나' 말이다. 이 작은 나가 죽으면 그보다 큰 무엇이 나타난다. 자신의 길에서 비켜나면 나타나는 그것은 장엄하고도 섬세 미묘하다. 다음 장에서 좀더 극적인 종류의 이런 경험들을 살펴볼 것이다. 하지만 단순화하자면, 모든 가정과 기대를 내려놓으면 당신은 경이를 경험할 준비가 된 것이다. 당신은 삶(혹은 신)이 지금까지와는 다른 뭔가를 보여주도록 허락하고 있는 것이다.

순간 명상법이 멋진 점은, 이 '죽음'이 한 번에 조금씩 서서히 일어난다는 것이다. 그러니 충격이 덜하다. 실제로 그것은 아마 1분 명상을 연습할 때, 그리고 한 호흡 명상을 하고 있을 때조차 이미 일어났을 것이다. — 물론 일시적으로 잠깐씩 말이다. 그 각각의 경험들 속 어딘가에서

당신이 호흡 속에 오롯이 머물러 있는 동안, '나'가 사라져버렸던 순간이 있었을지도 모른다. 당신은 더 이상 자신을 의식하지 않고 있다. (물론 당신은 그것을 알아차리지 못했을 것이다. 왜냐하면 거기엔 당신이 없었으니까.) 전에 말했듯이, 순간 속에 진정으로 머물 때, 당신은 단지 무엇을 '하기를' 그치는 것이 아니라 '당신이기를' 그친다. 그것이 그토록 기운을 충전시켜 주는 이유가 바로 이것이다. ― '나'라는 개념을 존속시키고자 하는 우리의 매 순간의 발버둥이야말로 삶이 주는 궁극의 스트레스이기에.

회자되는 순간들

어떤 순간들은 너무나 중대해서 준비됐든 말았든 간에 당신은 그것을 알아차리게 된다. 이런 순간은 마치 섬광처럼 너무나 찬란하게 진실을 밝혀주는데, 그것은 우리가 기대하던 것과는 너무나 극적으로 반대여서 우리 삶의 진로를, 그리고 때로는 다른 많은 사람들의 삶의 진로까지도 바꿔놓는다. 그것은 때로 기적이라 불리기도 한다. 또는 '극치 경험'이라 불리기도 하는데, 그것은 그것이 우리네 본성의 가장 높은 부분을 힐끗 보여주기 때문이다. 이 장에서는 그중에서도 가장 놀라운 극치 경험들을 몇 가지 살펴볼 것이다.

유레카!

고대 그리스의 수학자 아르키메데스는 어느 날 욕조 속에 몸을 담그고 있다가 문득 부력에 관련된 중요한 이치를 깨달았다. 전설에 의하면 그는 그 발견에 너무나 흥분한 나머지 옷도 걸치지 않고 거리를 달리면서 "유레카!(알아냈다!)"를 외쳤다고 한다. 그는 너무나 기쁨에 넘쳐서 뜻밖의 발견의 환희를 묘사하는 불후의 장면을 후세에 길이 남겨놓은 것이다.

창조적인 발상은 ─ 여러 해 동안 머리를 싸매고 찾았다고 하더라도 ─ 아무런 기대도 하지 않고 있을 때 일어난다. 저술가와 예술가들은 이런 순간을 늘 살피는 경향이 있어서 그들이 늘 수첩을 가까이 두는 이유도 바로 이 때문이다. J.K. 롤링Rowling은 어느 날 기차 안에서 이런 멋진 순간을 만났다. 해리 포터의 모든 등장인물과 자세한 스토리가 "그저 머릿속으로 떨어졌다"고 그녀는 말한다. 그녀는 이런 순간을 신뢰할 줄 아는 훌륭한 감각을 지녔다. 그로부터 15년 후에 그녀가 쓴 해리 포터 제6권은 미국에서 단 하루 만에 690만 부가 팔려나갔다. 창조적인 아이디어가 이 우주에, 바로 지금 당신이 알아차리기만을 기다리면서 당신 주변을 둥둥 떠다니고 있다는 것이 가능한 일처럼 보이지 않는가?

바닥 치기

가끔씩 아무리 낙관적인 태도를 지키려고 애써도 삶이 우리를 자꾸만 끌어내리고 있는 것처럼 느껴질 때가 있다. 사람들이 중독에서 벗어나려고 애쓸 때 이것이 가장 극단적으로 나타난다. 그들은 정신을 차리려고 애쓰지만 결국은 무너지고 모든 것을 잃는다. ― 집, 가족, 일자리, 돈, 건강… 모두를. '바닥 치기'는 이런 완전한 몰락의 순간을 가리키는 말이다. 하지만 거기서 살아남는 사람에게는 그 결과가 비범한 것이 될 수 있다. '밑바닥'을 치는 순간 뒤에는 종종 '꼭대기'를 치는 순간이 따라오기 때문이다.

알콜중독자갱생회(Acoholics Anonymous)의 설립자인 빌 W.은 심각한 음주습관으로 다시 빠져든 후에 인생에서 '가장 암울한 우울증'에 빠진 채 병원에 누워 있던 중, 문득 자신이 남들에게 저지른 모든 악행들을 뉘우치기 시작했다. 자신은 술 앞에서 아무런 힘이 없다는 사실을 받아들인 그는 기도를 하기 시작했다. 그는 이렇게 말한다.

결과는 전광석화와 같이 즉각적인 것이었고, 말로 형용할 수가 없었다. 내 주변이 눈을 멀게 할 정도로 하얗게 밝은 빛으로 채워졌다. 나는 황홀경에 빠진 채 내가 어떤 산 위에 있는 것 같다는 것만 느꼈다. 거센 바람이 불어 나를 엄습하고 관통했다. 나에게 그것은 공기가 아니라 영(Spirit)의 바람으로 느껴졌다. 광휘로 번쩍이는 엄청난 생각이 왔다. "너는 자유로운 인간이다." 그러자 황홀감이 가라앉았다. 이제 나는 현존하는 임재감으로 가득한 새로운 의식세계에 있는 나 자신을 발견했다. 우주와 하나된, 엄청난 평화의 느낌이 나를 압도했다.[11]

그 순간은 빌의 삶의 전환점이었다. 그의 바닥 치기 경험은 단순히 자신의 회복만이 아니라 마침내는 10만 명 이상의 회원을 가진 갱생회와, 다른 종류의 중독자들을 돕는 온갖 유사단체들의 결성으로 이어졌다. 바닥 치기를 하고 살아남은 사람들은 이전에 경험하지 못했던 생명력을 얻게 되는 듯하다. 어느 순간, 그들은 상상할 수 있는 최악의 것을 직면하고, 그로부터 변신을 경험한다.

빛나는 순간, 분명해지는 순간

살다 보면 평범한 성격이었던 사람이 불현듯 자신의 진정한 잠재력을 찬란하게 발휘하는 그런 순간이 있다. 이런 빛나고 분명한 순간들의 이야기는 종종 결혼식 축사나 송덕문, 그리고 ― 선거유세를 하고 있는 사람이라면 ― TV 광고 등에 인용되곤 한다. 이런 순간들은 삶이 우리에게서 최선을 강요할 때 불현듯 찾아오곤 하지만, 어떤 이들은 '자신의 본성'을 찾아내기 위해 엄청나게 힘들고 위험하기까지 한 일에 도전함으로써 그것을 일부러 추구하기도 한다.

물론 모든 분명한 순간들이 찬란히 빛나는 것만은 아니다. 우리는 실패나 상처, 어리석음 등을 통해 자신을 분명히 깨닫기도 한다. 아마도 최선의 찬사란 고양된 상태와 몰락한 상태, 지혜와 어리석음 등 우리 인격의 양극단 ― 그 모든 모순을 포함한 우리의 진정한 인격을 보여주는 순간들 ― 을 모두 포착해낸 말이리라.

돌파

무엇을 위한 몸부림이나 의기소침한 정체기 다음에는 뜻하지 않았던 새로운 현실이 찾아오기도 한다. 당신이 스케이트를 배운다고 해보자. 아무리 해도 늘지는 않고 늘 넘어지고 벌벌거려서 속상해했었는데 어느 날 갑자기 얼음 위를 부드럽게 미끄러져 가고 있는 자신을 발견할 수도 있다. 아니면 직장에서 당신의 팀이 장시간 논쟁을 벌이고 있었는데 한 사람이 웃음을 터뜨리자 다른 사람들도 모두 웃음을 터뜨리고, 그러고 나자 갑자기 새로운 합의점이 발견될 수도 있다.

돌파구에 가까이 다가와 있다는 확실한 징표 중의 하나는 당신이(혹은 당신의 그룹이) 매우 열띤 흥분상태에 있는 경우이다. 당신은 금방 폭발해버릴 것만 같은 느낌이다. 이런 순간은 매우 불안한 순간이다. 왜냐하면 돌파구에 가까워지면 동시에 몰락도 가까워지기 때문이다. 나는 개인들과 그룹들이 이런 순간을 통과하도록 도와준 경험을 통해, 돌파를 성취하기 위한 열쇠 중의 하나는 위기의 엄청난 긴장상태 속에 오롯이 머물러 있을 수 있는 능력이라고 믿게 되었다. 일어나고 있는 일을 저지하거나 통제하려고, 아니면 안정적이었던 이전의 상태로 돌아가려고 애쓰는 대신 막 떠올라오고 있는 새로운 발상을 발견해낼 때까지 그 긴장 속에 머물러 있어야만 하는 것이다.

종종 돌파구의 첫 모습은 뜻밖의 각도로부터 발견되는데, 그것은 매우 작아서 놓쳐버리기 쉽다. 그것은 당신 집 잔디밭에서 싹을 틔운 작고 희귀한 풀과도 같아서 잔디깎이에 의해 날아가버리기 쉽다. 이런 상황에서는 종종 그 새로운 아이디어를 알아보고 그 둘레에다 작은 울타리를 쳐줄 수 있는 외부인 — 치료사, 상담가, 혹은 친한 친구 등 — 이 필요하다. 이렇게 해놓으면 당신은 그것을 알아차릴 수 있게 되고 그것은 보호받으면서 자라날 수 있는 공간을 제공받게 된다.

그 순간을 더 잘 알아차리고 더 준비되어 있을수록 우리는 자신과 타인을 위해서 이것을 더 잘 할 수 있게 된다. 우리는 모든 것이 변해가는 것을 허용할 수 있도록 마음의 준비를 갖출 수 있다. 습관적인 입장을 내려놓는 — 자신의 관점을 끊임없이 새롭게 하는 — 법을 터득하는 것이 삶이 통쾌한 돌파의 연속이 되게 하는 최선의 길 중 하나다.

돌이킬 수 없는 순간

어떤 결정이 정말 돌려놓을 수 없는 것임을 깨달을 때 돌이킬 수 없는 순간이 발생한다. 그런 순간에, 당신은 새로운 세계를 있는 그대로 받아들인다. 당신은 일이 흘러가는 것을 막으려고 애쓰기를 그치고 지금의 현실을 받아들인다. 그리고 그 순간으로부터 앞을 향해 살아간다.

인간 역사의 이야기들은 정치적, 문화적, 군사적으로 돌이킬 수 없는 순간들 위에 형성되었다. 당신도 아마 개인적, 직업적인 삶에서 매우 극적인 순간들을 경험했을 것이다. 하지만 사실은, 낱낱의 모든 순간들이 돌이킬 수 없는 순간들이다. 삶이란 언제나 일어나고 있는 그대로이고 — 일어났을지도 모르는 그대로가 아니라 — 그것을 돌려놓을 수 있는 방법은 없다. 이전의 상황으로 돌아갈 수 있다고 가정하더라도 당신은 현재의 인식을 가지고 돌아갈 것이므로 일은 달라질 것이다. 헤라클레이토스는 그것을 이렇게 표현했다. — 같은 강물에 발을 두 번 담글 수는 없다.

진실의 순간

모든 사람이 진실을 말할 수 있다면 삶은 훨씬 더 단순해질 것이다. 하지만 모든 사람이 진실을 말하지는 않고, 아무도 늘 진실만을 말하지는 않기 때문에 우리는 진실을 말하지 '않을 수가 없는' 순간을 필요로 하게 된 것 같다. 진실의 순간에 당신은 꿈틀거리거나 우물쭈물거리고 싶어지겠지만, 아무튼 그건 마치 정곡을 찔린 듯한 느낌이다. —'잡혔다!'

물론 모든 진실의 순간이 잘못을 시인하는 것을 뜻하는 건 아니다. 때로 진실의 순간은 자신이 실제로 어떤 감정을 느끼고 있었는지를 깨닫거나, 자신에 대한 진실을 이야기하거나, 자신의 주변에 일어나고 있는 일의 진실을 밝히는 것도 포함한다. 이것은 엄청난 해방감을 선사할 수 있다. 미국 시민권 운동의 위인 중 한 사람인 로자 파크스Rosa Parks는 어느 날 버스에서 백인에게 자리를 양보하기를 거부함으로써 단순한 도전행위를 연출해냈다. 파크스는 이 순간에 대해 이렇게 말했다. "백인 운전사가 우리를 향해 오면서 자리에서 일어나라고 손짓했을 때, 나는 강한 결의가 마치 겨울밤의 누비이불처럼 내 몸을 감싸는 것을 느꼈다… 문득 어둠을 뚫고 빛이 쏟아지는 것 같은 기분이었."[12] 그녀의 진실의 순간은 이러했다. 그리고 그것은 돌이킬 수 없는 순간으로 이어졌다.

재탄생

우리는 모두가 한 번 태어났지만 많은 이들이 그 경험을 다시 해보고 싶은 필요를 느끼고 있는 듯하다. 실제로 재탄생의 상징은 모든 문화권에서 찾아볼 수 있다. ─ 종교문헌, 전설, 신화, 그리고 심지어는 현대의 정치연설과 뉴스 보도에서도 말이다. 중요한 전환기에 직면할 때마다 우리는 재탄생의 상징을 들먹이는 듯하다.

정신의학자인 스타니슬라브 그로프Stanislav Grof는 재탄생의 과정을 실제 아기의 탄생과정을 반영하는 네 가지의 전형적인 단계로 분류했다. 우리는 순진무구의 상태로부터 출발하여(자궁 속) 위기를 겪고(진통 시작), 힘들고 위험한 전환의 경로를 통과하기 위해 몸부림치다가(산도産道) 갑자기 새로운 세계에 놓여 있는 자신을 발견한다.(탄생) ─ 전혀 예상하지 못했던 세계에 말이다. 빛 속으로 나오면서 우리는 과거의 행동패턴으로부터, 그리고 바로 조금 전에 느꼈던 엄청난 압박과 긴장으로부터 해방되는 느낌을 느낀다.

재탄생의 순간은 과거의 행동패턴이 참을 수 없는 극치의 상태에 이르는, 심리적 죽음의 경험에 뒤이어 온다. 이것은 엄청난 도전의 순간이지만 또한 동시에 경이로운 기회이기도 하다. 왜냐하면 우리가 자신에게 요구되는 내적 심리변화를 깨달을 수만 있다면 모든 것이 한 순간에 바뀔 수 있기 때문이다. 삶이 아무리 암울하고 꽉 막힌 듯해 보일지라도 근원적인 내맡김과 해방은 언제든지 일어날 수 있다. 실제로 그로프 박사의 연구는, 고통이 가장 극심할 때가 해방의 순간에 가장 가까이 다가가 있는 때임을 말해준다.

변모

있을 수 있는 모든 순간들 중에서도 가장 놀라운 순간은 분명 변모의 순간이다. 성경에서, 예수는 베드로와 요한과 야고보를 데리고 산에 올라가 기도를 올린다. 그러다가,

… 그의 옷이 세상의 어떤 빨래꾼도 그렇게 할 수 없을 만큼 희고 눈부시게 빛났다. 그리고 엘리야가 모세와 함께 나타나더니 예수와 이야기를 주고받았다.

베드로와 요한과 야고보는 '깊이 잠들어' 있다가 이것을 목격하고는 '완전히 깨어났다.'

그런데 구름이 일어나서 그들을 덮었다. 그리고 구름 속에서 소리가 났다. "이는 내 사랑하는 아들이다. 너희는 그의 말을 들어라!" 그들이 문득 둘러보니 아무도 없고 예수만이 그들과 함께 있었다.

(마가복음 9장 2—8절)

힌두 신화에서 변모의 광경은 인도인들이 가장 높이 받드는 힌두 경전 중 하나인 《바가바드 기타》에 등장한다. 이 이야기에서 크리슈나는

제자 아르쥬나에게 비슈누 신인 자신의 본모습을 드러낸다. 이것은 아르쥬나가 엄청난 고뇌의 시간을 겪은 후에 온 깊은 해방의 순간에 일어난다. 눈이 멀 듯한 크리슈나의 '불멸의' 형상을 목격하는 영광을 얻은 아르쥬나는 이렇게 말한다.

> 온 우주를 장엄한 광채로 비추는
> 시작 없고 끝 없는 당신을 봅니다.
>
> 사면팔방에서 당신께
> 거듭거듭 절을 올리나니,
> 당신은 장엄 무한한 힘으로
> 온 우주에 넘칩니다.
> 아니, 당신은 만물입니다.[13]

당신이나 내가 이런 순간을 경험할지는 매우 불확실해 보인다. 하지만 베드로와 요한과 야고보, 그리고 아르쥬나가 보인 반응은 그러한 순간이 어떤 느낌일 것 같은지를 보여준다. ― 겸허해지고, 놀라서 제자리에 못 박힌 채 활짝 깨어 있다.

깨달음

깨달음의 순간은 변모의 경우와 마찬가지로 사람을 압도하는 성격을 띠고 있다. 다른 점은, 이것은 누구나 경험할 수 있다는 점이다. 이것을 경험한(그리고 그것을 널리 알린) 가장 유명한 사람은 고타마 싯다르타였다. 고통의 원인을 알아내려고 여러 해 동안 탐구한 끝에 싯다르타는 그저 앉아서 자신의 호흡에 주의를 집중했다. 진실을 깨달을 때까지 그 자리에서 움직이지 않겠다고 결심하고서 말이다. 그는 무수한 유혹과 훼방을 견뎌내며 앉아 있다가 마침내 고통의 뿌리는 갈망임을 깨달았다. 갈망하기를 멈추자 그는 명료해진 마음으로 실재를 있는 그대로 볼 수 있게 되었다. 그리고 그는 붓다, 곧 깨어난 자로 알려지게 되었다.

깨달음의 가장 극적인 예들은 갑작스럽고 황홀하고 압도적이다. 그러나 깨달음은 마치 태양이 솟아오르듯이 점진적인 것으로 경험될 수도 있다. 불교의 스승들은 제자들에게 이 깨달음의 경험을 얻도록 열심히 수행할 것을 독려하지만 그들은 또한 우리를 깨달음으로부터 멀어지게 하는 것은 우리 자신의 애씀임을 알고 있다. 왜냐하면 그것을 원하면 원할수록 그것이 우리를 갈구하는 상태에 머물게 만들기 때문이다. 깨달음은 먼 목표가 아니다. 그것은 언제나 여기에 있다.

은총

은총(grace)이란 말과 선물(gift)이란 말은 둘 다 그리스어 charis로부터 파생되어 나왔다. 은총의 순간은 실로 선물처럼 온다. 이는 그것을 우리가 나서서 찾을 수는 없다는 뜻이다. 하지만 은총이 존재한다는 사실은 무엇이든 ― 실로 그 어떤 일이든 ― 한 순간에 일어날 수 있음을 우리에게 상기시켜준다. 신학자 폴 틸리히Paul Tillich는, 삶이 절벽 아래로 곤두박질쳐서 희망이라곤 눈곱만큼도 보이지 않거나, 정말 끔찍한 짓을 저질러서 논리적인 마음이 모든 것을 잃었다고 말하고 있다고 할지라도, 그럼에도 뭔가 다른 일이 일어날 수 있다는 것을 우리에게 상기시킨다.

우리는 우리의 삶이 은총의 두드림에 의해 변화되도록 허용하지 않는 한 삶을 변화시키지 못한다. 그것은 일어나거나, 아니면 일어나지 않는다. 그리고 물론 우리가 자기만족에 취해서 필요 없다고 느끼는 일은 일어나지 않듯이, 그것을 강제하려고 해도 일어나지 않는다. 은총은 우리가 크나큰 고통과 불안에 빠져 있을 때, 우리를 두드린다. 은총은 우리가 공허하고 무의미한 삶의 어두운 계곡을 지나갈 때, 우리를 두드린다. 은총은 우리가 사랑했던, 혹은 소원하게 지냈던 다른 이들의 삶에 상처를 주고 나서 깊은 고립감 속에서 괴로워하고 있을 때, 우리를 두드린다. 은총은 우리가 자신의 냉담함에, 자신의 나약함에, 자신의 적개심에, 아니면 그저 자신에게 혐오감을 느끼고 스스로 견디기 힘들 정도로 방향감과 침착성을 잃고 헤맬 때, 우리를 두드린다. 은총은 해가 가고 또 가도 그토록 갈망하던 삶의 완성은 이루어지지 않고, 수십 년 그래왔던 것처럼 해묵은 강박적 욕망만이 우리의 마음을 지배하고 있을 때, 좌절이 모든 기쁨과 용기를 쓸어가버릴 때, 우리를 두드린다. 그런 순간에 가끔, 빛의 물결이 우리의 어둠을 뚫고 들어온다. 마치 어떤 목소리가 이렇게 말하는 것만 같다. "너는 받아들여졌다. 너는 받아들여졌다. 너보다 크신 분, 네가 그 이름을 모르는 분에 의해 받아들여졌다. 지금은 그 이름을 묻지 마라. 나중에 알게 될 것이니. 지금은 아무것도 하려고 하지 마라. 나중에 더 많은 일을 하게 될 것이니. 아무것도 찾지 마라. 아무 일도 하지 마라. 아무것도 의도하지 마라. 그저 네가 받아들여졌다는 사실만을 받아들이라." 이것이 우리에게 일어난다면 우리는 은총을 경험하고 있는 것이다. 그런 경험이 지나간 후에도 우리가 이전보다 낫거나 이전보다 믿음이 좋아지거나 하지는 않을 수도 있다. 하지만 모든 것이 변해 있다… 그리고 이 은총의 빛 아래서 우리는 그 은총의 힘을 자신과의 관계 속에서 발견하게 된다. 우리는 자신을 스스로 받아들이는 순간을 경험한다. 우리보다 더 큰 것에 의해서 우리가 받아들여졌다고 느끼기 때문이다. 그런 순간을 좀더 많이 가질 수 있다면 얼마나 좋을까![14]

*

　이 장에서 나는 가장 널리 알려진 종류의 순간들, 곧 가장 극적인 전환의 순간들을 몇 가지 이야기해보았다. 틸리히가 말하듯이, 때로 이런 순간들은 절체절명의 위기에 처했을 때 찾아온다. 또 때로는 아르키메데스가 그랬듯이 욕조에 몸을 담그는 중에 그냥 일어나기도 한다. 달리 말해서, 삶이 언제 변화할지, 혹은 우리가 사물을 문득 더 명료하게 볼 수 있게 되는 때가 언제일지는 예측할 수가 없다. 하지만 물론 그럴 준비를 갖추기 위해 노력할 수는 있다.

순간 이후

행여 앞 장에서 이야기한 것과 같은 극적인 순간들을 실제로 경험하게 된다면 당신은 스스로 매우 흡족한 기분을 느낄 것이다. 그래서 다른 사람들에게 그걸 이야기하고 싶어질지도 모른다. "난 자유야!" 하고 길길이 뛰며 외치고 싶어질지도 모른다. 사람들에게 그들도 어떻게 하면 그렇게 될 수 있는지를 알려주기 위해 이 책과 같은 책을 한 권 쓰고 싶어질지도 모른다.

그런데 그중의 한 가지를 하던 중에 문득, 자신이 더 이상 그 순간을 경험하지 못하고 있음을 깨닫게 될지도 모른다. 왜냐하면 당신이 '그' 순간에 대해 생각하기 시작하자마자, '그' 순간에 대해 사람들에게 이야기하기 시작하자마자, 심지어는 '그' 순간을 기억하거나 다시 경험하기를 원하자마자 당신은 자신을 '이' 순간으로부터 떼놓게 되기 때문이다. 심지어 당신은 다시 땅바닥에 떨어져서 일상의 일들 속으로 내던져진 기분을 느끼기 시작할 수도 있다. 그러다가 어떤 장애물에 부딪힐 때면 그것을 지금 여기의 순간으로서 맞이하는 대신 몇 달, 혹은 몇 년 전에 경험했던 그 순간 속으로 달아나고 싶어하게 될 것이다. 심지어는 '그것'을 다시 찾아내기 위해서라면 아무리 오랜 세월이라도 찾아 헤매고 싶은 마음까지 들지도 모른다.

그러나 순간 속에 머문다는 것은 지금 일어나고 있는 일을 철저히 받아들이는 것을 의미한다. 지금 일어나고 있는 일을 좋아하거나 거기에

동의해야 할 필요는 없다. 세상은 언제나 좋기만 한 곳이 아니다. 하지만 순간의 진정한 경험은 당신이 그걸 좋아하든 싫어하든 간에 지금 일어나고 있는 진실을 직면하는 데서부터 시작된다.

극적인 순간을 경험한 후에는 ― 그것이 얼마나 의미심장하고 중차대한 것이었든지 간에 ― 최선의 할 일은 한 호흡 명상을 하거나, 아니면 그저 지금 '이' 순간에 일어나는 것을 지켜보는 것이다. '대단한' 경험은 못할지도 모르고 '그' 순간에 비하면 '이' 순간은 아무것도 아닌 것처럼 느껴질지도 모른다. 심지어는 아무것도 경험하지 못할지도 모른다. 하지만 최소한 당신은 자신을 제자리에 데려다놓고 있다. 달리 말해서 뭔가 대단하고 극적인 것을 경험하는 것보다도 중요한 것은 자신의 호흡으로 돌아오는 습관, 그리고 그 습관을 들이기 위한 연습에 매진하는 것이다.

순간 명상이 잘 되고 있음을 보여주는 궁극적인 증거는 당신이 영원한 지복을 성취했느냐, 경이로운 체험을 했느냐에 있는 것이 아니라 매 순간을 그저 있는 그대로 맞아들이느냐에 있다. 달리 말해서 일상화된 실천이 증거인 것이다. 매 순간은 있는 그대로의 그것이다. 다른 순간에는 그것은 또 달라진다. 그것 역시 있는 그대로의 그것이다. 있는 그것을 있지 않은 어떤 것으로 만들려고 애쓰기를, 혹은 그것이 다른 무엇이기를 바라기를 멈추는 순간, 우리는 편안히 이완된다. 그리고 모든 것이 시작된다. 다시.

순간이 아닌 것

요즘은 '순간 속에 머물기', '매 순간을 살기' 등에 대해 많이들 이야기한다. 하지만 이런 생각 중의 일부는 정말 위험하다. 그리고 나는 당신이 이 책을 그런 생각을 옹호하는 것으로 받아들이는 것은 원치 않는다.

지금은 대중화된 '순간 속에 머물기'라는 개념은 이기주의와 향락주의를 정당화하는 데 이용될 수 있다. 그것은 이렇게 암시한다. ─ "무슨 일이 일어나든 상관 말고 파티나 하자구." 나는 많은 사람들이 이 엉터리 만트라를 자신의 진정한 느낌, 자기 주변 삶의 현실, 혹은 자신의 행위의 결과로부터 빠져나올 구실로 이용하는 것을 보았다. '선진국'의 사람들은 '매 순간을 살기'를 너무 열심히 한 결과로 자신들의 생존 자체를 위협하기에 이르렀다.

만일 '순간 속에 머물기'가 그저 '멋진' 순간이나 '흥겨운' 순간 속에 머물기를 뜻한다면 우리는 정말로 현실을 반토막 내고 있는 것이다. 순간 속에 머물기는 종종 우리 자신이나 세상에 관한 진실을 직면하는 일을 수반한다. 사실 순간의 진정한 경험 속에서는 근원적인 청산이 일어날 수 있다. 그것은 바로 지금 우리가 좌절과 두려움과 분노를 느끼고 있음을 인정하고, 그저 이 순간, 그렇게 느끼지 않을 방법을 찾으려고 애쓰기를 그치는 것을 뜻하는 것일 수 있다. 우리는 그것을 그냥 경험한다.

물론 순간 속에서 당신은 자신이 매우 행복하다는 것을 깨달을 수도 있다. 심지어는 크나큰 지복을 경험할 수도 있다. 거기엔 잘못된 것이

전혀 없다. 그러나 행복을 느끼는 것이 나쁜 소식이나 세상에서 일어나고 있는 일, 혹은 당신을 '기분 나쁘게 만드는' 사람들을 피하는 데에 달려 있는 것이라면 그것은 그리 안정적인 행복이 아니다. 그리고 그 행복한 느낌을 지닌 채 그것을 잃어버릴까봐 겁내면서 다음 순간으로 가면, 그리고 그 새로운 순간에 일어나고 있는 것을 인식하기를 거부하면 당신은 더 이상 '이' 순간 속에 있지 않다. 당신은 '그' 순간을 부여잡고 매달려 있는 것이다.

사람들이 '매 순간을 살기'를 권할 때, 어쩌면 그들은 자신이나 다른 이들의 고통을 경험하기를 피하려고 애쓰고 있는 것인지도 모른다. 그 결말은 심각한 것이 될 수 있다. — 그것이 그들로 하여금 진정한 만족을 경험하지 못하게 가로막을 수 있는 것이다. 진정한 만족은 '좋은', 혹은 '긍정적인' 경험, 아니면 심지어 '차원 높은', 혹은 '극치의' 경험을 골라잡는 데서 오는 것이 아니라 무엇이든 지금 일어나고 있는 일과 함께 있을 수 있는 '능력'에서 온다. 이리하여 삶은 늘 똑같은(constant) 파티가 아니라 우리의 행복… 그리고 다른 이들의 행복을 더욱 깊어지게 할 끊임없는(constant) 기회가 되는 것이다.

때로는 순간 속에 머물기가 힘들 수도 있다. 어떤 때는 '이 순간만 빼고는' 어디든지 있을 수 있다는 생각, 지금 일어나고 있는 일 말고는 뭐든지 경험할 수 있겠다는 생각이 들 때도 있을 것이다. 당신에게 일어날 수 있는 끔찍한 일들이 있다. 실패도, 병도, 좌절도 일어날 수 있다. 엉망진창으로 느껴지는 하루도 많을 것이다. 하지만 이젠 삶이 당신을 압도해올 때면 당신이 늘 하던 그것, 당신이 터득한 그것인 한 호흡 명상을 하라. 그리고 마음이 내키면 한 번 더 하라. 때로는 그것만이 당신이 의지할 수 있는 유일한 것이 된다.

6부

최고급 연습

　기본 1분 명상, 휴대용 1분 명상, 한 호흡 명상을 경험하면서, 당신은 시간으로부터 약간의 시간 — 그저 있기 위한 시간 — 을 떼어냈다. 달리 말해서, 당신은 시간에서 빠져나오는 방법을 배웠다. 하지만 이 연습도 지나치면 문제가 될 수 있다. 당신은 자신의 삶을, 심지어는 시간 자체를 싫어하기 시작하게 될 수도 있는 것이다. 그리하여 모든 시간을 시간 밖에서 보내기를, 말하자면 영원히 1분 명상만 하면서 보내기를 원하게 될 수도 있다. 그러나 그것은 고요에 대한 불완전한 이해이므로 여기서는 그 전체 그림을 보여주겠다.

　다음의 일련의 연습들에서는 초점이 약간 다른 곳으로 옮겨진다. 각각의 연습에서 당신의 주의는 배워온 대로 여전히 호흡에 머문다. 하지만 다음 단계에서는 당신의 의식을 확장시켜서 당신의 '외부에' 있는 세상의 어떤 것을 포함하게 한다. 호흡 속에 닻을 내리고 있으면서(떠내려가지 않도록) 당신은 중간 자리, 곧 일부는 당신이고 일부는 세상인 그런 경험을 찾아낸다.

　이렇게 해서 당신은 단지 '그저 있기'의 평화만이 아니라 '시간 속에 있기'의 평화도 경험하기를 배운다. 그리하여 마침내는 고요란 '삶을 벗어나 있는 시간'이 아니라 '당신의 삶 자체'임을, 그래서 시간이 전혀 걸리지 않는 것임을 발견하게 될 것이다.

둘러보기

한 호흡 명상을 통해 당신은 다소간에 의지로써 단 한 호흡만에 고요를 경험하는 법을 배웠다. 하지만 당신은 아직 이것을 눈을 감은 채로 하고 있는데, 나머지 생활의 대부분은 눈을 뜨고 보낸다. 당신이 연습해 온 한 호흡 명상은 깊은 '내면의' 체험이다. 하지만 삶은 '저 밖에서' 펼쳐진다. 그러므로 다음 단계는 세상을 둘러보면서 한 호흡 명상을 해보는 것이다.

처음에는 이것이 충격처럼 다가올 수도 있다. 날마다 한 호흡 명상 연습을 통해 약간의 시간을 시간으로부터 빼내어 경험해왔다면 지금쯤 당신은 '저 밖의' 세상을 '이 안에' 그냥 머무는 평화를 방해하는 훼방꾼으로 여기게끔 되어 있을지도 모른다. 이 새로운 연습의 개념은, 눈을 어지럽게 만드는 삶의 춤사위 — 시간의 가장행렬 — 를 지켜보는 한편으로 그저 있기의 평화를 경험하는 것이다.

이것은 당신이 상상하는 것처럼 어렵지는 않다. 사실 이건 꽤 쉽다. 내 친구 매튜가 자주 말하듯이, "열심히 하지 말고 살살 해라." 이렇게 하려면 가슴을 열고 우주를 포용해야 한다. 눈앞에 보이는 것을 무엇이든지 맞아들여야만 한다. 그것은 당신의 평화의 적이 아니라 평화의 일부이기 때문에.

처음에는 슬슬 시작하라. 뭐든 즐겁직한 것, 아름답거나 보기 좋은 것을 바라보는 것으로부터 시작하라. 그것은 꽃일 수도 있고 창문 밖의 경치일 수도 있고 보석일 수도 있고 사랑하는 이의 사진일 수도 있다. 눈을 뜨고 그것을 바라보면서 한 호흡 명상을 하라. 그것이 가져오는 효과를 알아차리라. 자신이 느끼는 것을 온전히 느끼도록 스스로 허용하라. 이 느낌은 당신과, 다른 어떤 것 — 당신의 '외부'에 있는, 혹은 당신과 분리된 것처럼 보이는 무엇 — 사이의 역동적인 상호작용이다. 호흡과 함께 이 느낌을 몸속으로, 심장 속까지 곧바로 가져가라.

잠시 멈추고 지금 이것을 해보라.
당신이 있는 곳 바로 주변에 이미 있는 것 중에서
가장 보기 좋은 것을 찾으라.
그리고 그것을 바라보면서 한 호흡 명상을 하라.
당신의 느낌에 어떤 변화가 있는지를 알아차리라.

 이 연습을 해나가는 동안 조금씩 더 어려운 상황에 도전해보라. 눈앞에 보이는 것 중에 추하거나 하찮거나 기분 나쁘거나, 아니면 단지 좋아하기는 어려워 보이는 것들을 가지고 말이다. 예컨대, 다음에 당신이 TV 뉴스를 보는데 빈곤, 범죄, 환경파괴나 전쟁 등의 장면이 나오면 채널을 돌리거나 겁에 질리지 말고 그저 거기 있는 것을 보라. 느껴지는 것을 느끼라. 그러면서 숨을 들이쉬었다가 내쉬라.
 이 연습은 강한 저항을 불러일으킬 수 있다. — '내가 왜 기분 나쁜 것에다 주의를 보내야 하나?' 하지만 평화라는 것이 모든 것이 당신이 원하는 대로 됐을 때만 가능한 것이라면 그것은 진정한 평화가 아니라는 사실을 명심하라. 평화롭다는 것은 어떤 일이 일어나든 상관없이 '본래부터' 평화로운 것을 말한다. 이것은 일어나고 있는 일에 당신이 동의하거나 좋아해야만 한다는 말이 아니다. 그 한가운데서 그것을 경험하면서도 평화롭게 있기를 배울 수 있다는 말이다. 보호막 안에서만 살려고 한다면 당신은 늘 불안과 불확실성 속에서 살아가고 있는 것이다. ― 풍선이 언제 터질지 모른다. 진정한 평화는 삶의 진실을 두려워하지 않는다. 진실은 언제나 당신에게 이롭다.

그러니 자신이 눈에 보이는 모든 것과 함께 있을 수 있는지를 잘 살펴보라. 주의의 범위를 넓혀 온 세상을 다 안을 수 있는지를 살펴보라. 언젠가 당신은 당신과 세상이 결코 그리 다르지 않다는 것을 발견하게 될지도 모른다.

다음에 충격적이거나 기분 나쁜 것을 보게 되면 한 호흡 명상을 하라.
사실, 원치 않은 것을 보게 될 때면 언제든지 한 호흡 명상을 해보라.
다음 연습에 들어가기 전에 이것을 한 달 동안 연습하라.

돌아다니기

이제 당신은 문자 그대로 '다음 단계'로 넘어갈 준비가 됐다. 이제 당신은 가만히 앉아서 고요해지는 것 대신 돌아다니는 동안에 고요해지는 법을 배운다. 서서히 터득하도록 하라.

평소에 돌아다닐 때 우리는 자신의 행위를 의식하지 않는다. 오로지 목적지에만 주의가 집중되어 있다. — 누군가와 부딪히거나 계단을 헛디디거나 얼음에 미끄러져서 정신을 차리기 전에는 말이다. 하지만 목표에만 주의를 집중하면 과정을 놓친다. 당신은 지금 '이' 순간에 일어나는 일이 아니라 미래의 한 순간이라는 생각 속에서 산다. 그리고 한 가지 틀림없는 것은, 목적지에 도착하자마자 당신의 마음은 새로운 여행, 해결해야 할 새로운 문제, 새로운 목표를 만들어낼 것이다. 그리하여 여행을 경험하지 않으니, 당신은 자신의 삶을 경험하지 않게 되는 것이다.

이 장의 연습은 당신을 자신이 있는 바로 그곳에 있도록 도와준다. 아주 단순한 이 방법으로 연습을 천천히 해나가면 그 효과가 당신 삶의 전 공간을 울릴 것이다. 당신은, '난 그냥 걷고 있을 뿐인데 뭐' 하고 생각할 수도 있다. 하지만 걷는 것조차도 매우 섬세 미묘한 것이 될 수 있다. — 각각의 걸음 속에는 또 많은 걸음이 내포되어 있어서, 거기에는 주의를 기울일 만한 가치가 있다.

이 연습에는 두 단계가 있다.

1단계

1 가만히 선다.
2 눈앞의 땅(혹은 바다)을 부드럽게 내려다본다.
3 발과 땅(혹은 바다) 사이의 접촉감을 느낀다.
4 한 호흡 명상을 한다.

이 연습은 바깥을 돌아다닐 때 매우 요긴하고 유용하다. 너무나 많은 사람들이 발이 놓이는 자리나, 몸의 균형이나 심지어는 자기가 어디에 있는지에 대해서조차 아무것도 의식하지 못하는 채 걸어 다닌다.(물론 이것은 사고의 주원인이다.) 나는 이 연습을 여행의 마감행사로 활용한다. ― 예컨대, 길모퉁이를 돌 때, 산 위에 도착했을 때, 현관 벨을 울리기 직전에 등등. 나는 특히 주변의 모든 사람들이 분주하게 서두르고 있을 때 이것을 활용한다. ― 기차역에서, 혹은 러시아워 도심의 인도에서 말이다. 무거운 것을 들기 전에 하는 것도 좋은 연습이 된다. 그저 자기가 있는 바로 그곳에서 잠시 멈추고 바닥 위의 발을 느끼면서 호흡을 하는 습관을 붙이라. 이것이 얼마나 많은 스트레스를 날려 보내줄 수 있는지를 안다면 놀랄 것이다. 그것이 당신을 좀 느려지게 만들지는 몰라도 헛발을 짚어 다치는 일은 피하게 해줄 것이다.

지금 잠시 멈추고 1단계를 하라.

이 연습의 다음 단계는 훨씬 더 복잡해서 약간의 조정 작업이 필요하다. 여기서는 1단계의 깨어서 알아차리는 의식을 그대로 유지한 채로 한 단계 더 나아가야 한다. — 이건 작은 묘기가 아니다. 다음이 그 방법이다.

2단계

1 가만히 선다.
2 눈앞의 땅(혹은 바다)을 부드럽게 내려다본다.
3 발과 땅(혹은 바다) 사이의 접촉감을 느낀다.
4 체중을 모두 오른발에 싣는다.
5 왼발을 들면서 숨을 들이쉰다.
6 왼발을 바로 앞에 내려놓고 체중의 반쯤을 왼발로 옮기면서 숨을 완전히 내쉰다.
7 멈춘다.

이것을 처음 할 때는 뭔가 좀 조절이 잘 되지 않는 것을 느낄 것이다. 하지만 시간이 지나면 이것이 꽤 자연스럽게 느껴진다는 것을 발견하게 될 것이다. 시간이 좀더 있다면 다른 발로 해보라. ― 한 발 다음에 다른 발, 한 번에 한 걸음씩 말이다. 언젠가는 이것을 방을 완전히 가로지르고, 문을 나가서, 거리에 나서서 마을을 지나면서도 할 수 있게 될 것이다. 하지만 이 연습이 당신을 어디다 데려다 놓든 간에 한 걸음 한 걸음을 그것이 마치 유일한 목적지인 것처럼 경험하도록 하라.

지금 잠시 멈춰서 2단계를 하라.

행위하면서 있기

우리가 '행위하기(doing)'로 너무나 많은 시간을 보내고 있다고 하는 영적 스승들의 말을 많이 듣는다. 그들은 인간이 존재자(human being)이지 행위자(human doing)가 아님을 상기시킨다. 글쎄, 이 책의 연습을 통해서 당신은 아마도 지금쯤 '그냥 있기'에는 꽤 익숙해졌을 것이다. 어떤 영적 전통들은 거기서 멈춘다.

이것은 우리가 가진 대부분의 영적 유산들이 수도원에 은둔하여 사는 수도사와 수녀들이나 속세와 결별한 은둔수행자들로부터 전해진 것이기 때문이다. 이 선구자들은 분명히 위대한 지혜를 얻었다. 하지만 그것은 대개 속세의 삶을 포기하는 대가로서, 경우에 따라서는 심지어 이 세상을 부정하거나 혐오한 대가로서 주어진 것이다. 그들의 본보기와 가르침은 우리에게 그 평화로운 상태가 오로지 속세를 떠나서만, 아니면 다른 세상, 다음 세상에서만 얻을 수 있는 것이라는 위험한 믿음을 주입시켜 놓았다. 이것은 우리가 이 세상 속에서 평화로운 상태를 얻기가 정말 힘들거나 방법을 찾기가 매우 어렵게끔 만들어놓았다. 우리는 평화로운 마음상태는 교회나 수도원, 은둔수행처, 깊은 산 속이나 다음 생 등, 해야 할 일이 별로 없는 곳에서만 얻을 수 있다고 믿는다. 이것은 사람의 의욕을 꺾어놓을 뿐만 아니라 아예 면책의 핑계가 되어준다. 우리는 영적 깨달음 — 혹은 영적 수련에 대한 강한 헌신 — 은 그들만의 것이고 우리를 위한 것은 아니라고 믿는다.

그러니 '행위하기'의 중요성을 잊어버리거나 무시하지는 말도록 하자. 삶은 휴식 '그리고' 활동, 정체 '그리고' 성장, 있기 '그리고' 행위하기로 이루어져 있다. 완전한 고요를 목표 삼을 수는 없을뿐더러, 활동을 문제 삼을 수도 없다. 고요히 앉아 있을 때조차도, 심지어 잠자고 있을 때조차도 우리 몸 안에서는 엄청난 활동이 일어나고 있다. ― 몇 가지만 예를 들자면, 허파는 수축과 팽창을 반복하고, 심장은 쉼 없이 펌프질을 하고 신경세포들은 부단히 전기신호를 발사한다.

궁극의 과제는, 행위의 '한가운데서' 있음의 평화를 찾아내는 일이다. 이런저런 행위를 하는 '중에도' 있기를 실천하는 것 말이다. 티베트에는 이와 관련된 좋은 말이 있다. 그것은 그들이 너무나 중요하게 여겨서 늘 외고 다니는 주문이다. ― 옴 마니 파드메 훔. 이것은 '영원의 보석은 생사의 연꽃 속에서 발견된다'는 뜻이다. '영원의 보석'은 순수한 있음을 가리키는 비유이고 '생사의 연꽃'은 시간의 세계, 곧 행위를 가리키는 비유이다. 그러니까 이 말은, 비록 우리가 탈출의 판타지를 꿈꾸고 있을지라도 궁극적인 '있음'의 경험은 '행위'의 한가운데서만 발견된다는 뜻이다. 결국, '순간 속에' 머문다는 것은 그저 무시간의 경험을 뜻하는 것이 아니라 '시간 속에서 무시간을' 경험하는 것, 곧 동중정動中靜의 경험을 뜻한다.

지금까지 당신은 하고 있던 행위로부터 호흡으로 주의를 돌리는 연습을 해왔다. 하지만 이제부터의 과제는 하던 일을 계속 하는 중에 호흡을 알아차리는 것이다. 예컨대 지금까지는 커피콩을 갈다가, 혹은 자동차를 닦다가 멈추고 한 호흡 명상을 하는 식으로 연습해왔다고 하자. 이

제부터는 커피콩 갈기나 자동차 닦기를 멈추지 말라. 이제는 호흡을, 하고 있는 일 속으로 가져가서 그와 함께하라. 일을 하는 '중에도' 자신의 호흡을 알아차리는 것이다. 동시에 두 가지를 '하는' 것이다. 동시에 두 가지로 '있는' 것이다. 이 '일하면서 호흡하기'에는 당신과 당신이 하고 있는 행위가 따로 있지 않다. ― 당신이 곧 당신의 행위, 그것이다.

    지금 무슨 일을 하고 있든 간에 잠시 이것을 해보라.

 이 연습은 기운을 크게 북돋아줄 수 있지만, 매우 어렵기도 하다. 때로 그것은 마치 한 쪽 발은 이쪽 해변에, 다른 쪽 발은 저쪽 해변에 걸친 채 당신은 그 중간 어딘가에 매달려 있는 것과도 같은 느낌일 수도 있다. 그만큼이나 어렵다. 하지만 그것은 당신이 하고 있는 일에 가외의 열정을 보태줄 수 있다. ― 그것이 늘 하는 너무나 일상적인 일일지라도.

필요를 느낀다면 당신은 언제든지 한 호흡 명상이나 심지어 1분 명상으로도 되돌아갈 수 있다. 그것은 여전히 당신에게 의지처가 되어줄 것이다. 힘을 회복하기 위해 돌아갈 수 있는 장소 말이다. 하지만 삶을 피해 숨어 있을 수 있는 은둔처는 없다는 사실을 명심하라. 평화를 찾는 방법은 '행위'라는 힘든 과업을 수행할 에너지를 얻기 위해 '그저 있음'의 순간으로 도망가는 것이 아니라, 삶이란 해야 할 일을 무엇이든 하는 것임을 받아들이는 것이다.

'행위하면서 있기'에 집중하다 보면 당신은 '행위하기' 자체가 곧 '있기'의 한 방법임을 깨닫게 될 것이다. 사실은 그것이 있음의 본질이다. 그리고 이것을 연습해나가는 동안 당신은 행위하면서 있기의 지속적인 흐름에 더 가까이 닿아 있는 느낌을 느끼게 될 것이다.

호흡으로 주의를 돌리기 위해서, 있기를 연습하기 위해서, 혹은 평화를 경험하기 위해서 시간으로부터 한 순간을 따로 떼낼 필요가 더 이상 없어지고 행위의 정신없는 혼돈 속에서도 있음의 평화를 경험할 때, 그때부터 통달의 경지가 열리기 시작한다.

이제부터 당신은 온종일, 일하면서 호흡하고, 숨쉬면서 일하고, 호흡하면서 행위하는 자신을 발견하게 된다. '있음'을 알아차리고, '행위함'을 알아차리고, 심지어는 알아차리는 것을 알아차리는 자신을 발견한다. ― 그 모든 와중에서도 끊임없이 호흡을 계속하면서 말이다.

그러니 자신이 모든 것과 함께 있을 수 있는지를 살펴보라. 하고 있는 모든 일 속으로 자신의 존재를 던져 넣을 수 있는지를 살펴보라. 있음의 평화로운 느낌과 함께 자신의 일을 해나갈 수 있는지를 살펴보라. 지금 하고 있는 일이 당신의 마음을 온전히 차지하도록 허용하라. 아무런 방해 없이 — 미래에 대한 환상도, 과거의 기억도, 서두름도, 느려짐도 없이 말이다. 이것이 고요한 행위, 정중동靜中動이다.

    결국 당신은 당신과 자신이 하고 있는 행위가 서로 별개의 것이 아님을 깨닫게 될 것이다. 심지어 당신과 세상이 하나가 되어 호흡을 하고 있는 듯이 느낄 수도 있을 것이다. 이 같은 순간에는 모든 것이 더 환하고 명료하게 보이는 것을 깨닫게 될 수도 있다. 마치 음이 맞지 않던 오케스트라가 갑자기 완벽한 화음을 이루어낸 듯이 말이다. 이 같은 순간에 당신은 자신이 하고 있는 일에 온전히 함께 있고, 동시에 그것을 하고 있는 것은 자신이 아님을 안다. 당신보다 큰 뭔가가 그것을 하고 있다. 이제 당신은 거의 다 해냈다. 그리고 또한 그건 이제 막 시작하고 있다.

: 7부
순간의 기적

휴식과 레크리에이션

이 장에서는 지금까지 배워온 것들을 유연하고 장난스럽게, 적시적소에 응용하는 법을 배우게 될 것이다. 이 연습들은 당신의 연습이 당신이 하는 모든 일과 하나로 통합되도록, 그리고 매 순간을 기적처럼 음미하도록 도와줄 것이다.

우선, '연속적 창조'라는 개념부터 설명해야겠다. 사실, 연속적 창조는 개념이라기보다는 하나의 경험이다. ― 한 순간으로부터 다음 순간으로 이어지는 인과가 존재하지 않는다는 직관적 인식 말이다. 달리 말하자면, 온 우주는 매 순간 깜박이며 존재 속으로 탄생한다.

연속적 창조를 이해할 수 있게 하는 좋은 비유는 영화다. 영화는 한 번에 하나씩 매우 빨리 지나가는 정지화면들로 이뤄진다.(무비movie라는 말은 '움직이는 그림'이라는 뜻을 내포한다.) 영화는 플립북flipbook ― 페이지마다 조금씩 달라지는 그림들이 연속적으로 그려진 작은 책 ― 의 세련된 버전인 셈이다. 플립북의 페이지를 재빨리 넘기면 그림 속의 인물들이 인과적인 관계를 띠고 움직이는 것처럼 보인다. 하지만 그림들 사이의 연결성은 그림 '자체에' 있지 않다. 그림들 사이의 연결성은 당신의 마음속(그리고 그 책을 만든 이의 마음속)에 존재한다. 영화에서는 이 기술이 너무나 정교해서 ― 1초에 24장의 그림이 지나간다 ― 그 그림들이 따로따로인 것을 깨닫지도 못한다.

연속적 창조는 현실이 매 순간 새로이 창조되며, 그 각각의 순간들은 서로 별개의 것임을 암시한다. 이것은 우주가 과거의 어떤 시점에 창조되었다고 주장하는 창조론과 같은 것이 아니다. 이것은 과학이론과 상충되지도 않는다. 이것은 일신론이든 아니든 모든 종교를 통틀어 영적 스승들이 체험한 실재를 바라보는 한 방식일 뿐이다. 이것은 힌두교 신비주의의 토대이며 20세기 이슬람 학자인 아부 하미드 알 가잘리Abu Hamid Al-Ghazali도 이것을 상세히 해설했다. 스즈키D.T. Suzuki 선사는 그것을 이렇게 표현했다. "내 엄숙히 선언하노니, 매 순간 새로운 우주가 창조된다." 기독교 신비가인 마이스터 엑크하르트Meister Eckhart는 그것을 이렇게 표현했다. "신은 지금 이 순간 온 우주를 통째로 창조해내고 있다." 유태교 랍비 데이비드 쿠퍼David Cooper는 이렇게 말한다.

〔유태교 신비주의 전통에서는〕 … '지금'은 말하자면 신의 손바닥 위에 놓여 있다. 이 순간은 오로지 신성에 의해 지탱된다. 고로 창조계의 모든 측면들은 신과 불가분의 관계에 놓여 있다. 내가 들이쉬는 모든 숨이 창조의 힘에 의해 일어나고, 유지되고, 충족된다. 모든 사건들이 신의 임재라는 마법으로 충만하다.[15]

매 순간이 새롭게 창조된다는 것은 또한 한 순간으로부터 다음 순간으로 이어지는 본연의 연결성 같은 것은 존재하지 않음을 뜻한다. 우리가 이 순간에 하는 행위가 다음 순간에 일어나는 일의 원인인지 어떤지는 확증할 수가 없다. 다음 순간이 있을지 없을지조차도 확실하지 않다. 물론 이런 사고방식은 삶을 바라보는 전형적인 방식이 아니다. ― 보통은 연결성을 당연시한다. 그러나 연속적 창조 개념에 의하면 한 순간으로부터 다음 순간으로의 연결성이란 환영이다.

연속적 창조가 시사하는 것은, 매 순간은 말 그대로 새것이어서 과거의 훼방을 받지 않는다는 것이다. 우주는 매 순간 새로이 창조되고 있는 것이다. 다음 순간에는 모든 것이 '완전히' 달라질 수도 있다. 이것은 매우 변혁적인 가능성을 열어놓는다. 이에 대해서는 다음 몇 장에서 살펴보겠다.

연속적 창조라는 개념은 최소한 '휴식과 레크리에이션'이라는 것에 대한 우리의 생각을 약간은 달라지게 만든다. 레크리에이션의 시간을 가지고 싶을 때 우리는 보통 운동이나 선박여행과 같은 여가활동을 상상한다. 하지만 이런 종류의 레크리에이션은 단지 약간의 휴식만을 제공하여, 또다시 스트레스를 누적시킬 일상 속으로 복귀할 수 있게 해줄 뿐이다. 연속적 창조는 진정한 재충전을 원한다면 당신에게 필요한 것은 레크리에이션recreation이 아니라 재창조re-creation임을 말해준다. 당신은 자신이 순간순간 재창조되는 것을 경험해야만 한다. 다행히도, 순간명상법이야말로 다름 아닌 이 재창조를 위한 것이다.

선택의 순간

아침에 일어나는 순간을 생각해보라. ― 잠에서 깨어나는 그 최초의 순간 말이다. 그 순간에 당신은 마치 빈 칠판처럼 열려 있고 순진무구하다. 마치 밤 동안에 자신에 대해서는 완전히 잊어버리고 순수한 가능성의 자리로 돌아와 있는 것처럼 말이다. 그런데 그다음 순간, 당신은 기억해낸다. 모든 기억이 홍수처럼 밀려들어온다. ― 당신의 모든 희망과 두려움과 스트레스와 긴장, 그리고 닥쳐올 하루의 일들에 대한 기억이. 다시 말해서 당신의 순수한 영혼은 세월과 경험에 의해 닳고 닳은 몸을 걸치고, 그 순간 순수한 가능성의 느낌은 감쪽같이 사라져버린다. 그리하여 당신은 열린 마음이 아니라 과거의 경험을 근거로 한 일련의 기대를 품은 채 하루를 맞이한다. ― 어떤 일이 일어날지는 알 길이 없는데도 말이다.

하지만 그 케케묵은 기대의 보따리를 짊어지기를 그칠 수 있다면 어떻겠는가? 그 순진무구의 태도 ― '태도 없음'의 태도 ― 로써 온 하루를 살 수 있다면 어떻겠는가? 나는 예수가 "천국에 들어가려면 아이와 같이 되어야 한다"고 했을 때, 그것은 우리가 잠에서 막 깨어났을 때와 같은 이 본질적인 순수성을 가리킨 것이라고 믿는다. 물론 이것은 또한 붓다가 우리의 '본성'을 언급할 때 의미했던 것이리라.

이런 열린 상태가 비록 한 순간이기는 해도 매일 아침마다 주어진다는 것이 멋지지 않은가? 우리가 왜 날마다 그렇게 조급하게 서둘러서 그 낡은 옷을 걸치는지 그 이유는 모르겠지만, 어쩌면 우리는 그러지 않기를 배울 수 있을지도 모른다. 그 좋은 출발점은 매일 아침 우리가 맨 처음 그 옷을 걸칠 때, 그것을 그저 알아차리는 것이리라.

그러니 이 연습을 해보라. 잠에서 깨어나는 바로 그 순간에 누운 채로 한 호흡 명상을 하라. 그 순간을 놓쳤다면 그저 잠자리에서 일어나기 전에 한 호흡 명상을 하라.(당신이 깨자마자 일어나서 서두르는 경향이 있다면 잠자리 곁에다가 당신을 상기시켜줄 글을 미리 써 붙여두라.) 이것을 잘 할 수 있게 되었으면 한 호흡 명상을 좀더 빨리 해보라. 눈을 뜨기도 전에 말이다. 그런 다음에 시간을 두고 서서히, 실제로 잠에서 깨어나는 바로 그 순간에 다가가도록 한 호흡 명상을 앞당겨보라.

이것을 한동안 연습했다면 이번엔 거꾸로 해보라. 하루 중 아무 때나 당신이 자신의 태도의 옷을 '벗어 내려놓을' 수 있는지를 해보라. 아침에 깨어나는 순간에 가졌던 그 순진무구한 태도로 돌아갈 수 있는지를 말이다. 탈을 벗듯이 낡은 가정들을 벗어서 내려놓을 수 있는지 보라. 자신을 갈고리에서 빼낼 수 있는지 보라.

요점은, 매 순간 당신은 자신이 누구이고 어떤 사람인지를 정할 수 있는 근본적인 선택권을 가진다는 것이다. 늘 해왔던 행동을 하지 않기로 선택할 수 있다. 다음 순간을 닫힌 마음으로 맞이할지, 열린 마음으로 맞이할지를 선택할 수 있다. 당신의 습관과 기대가 밀려들어오기 '직전의' 순간을 알아차릴 수 있다면, 그것이 당신을 점령하여 순진무구함을 가려버리기 전에 숨을 한 번 들이쉬고 내쉬면서 새로운 선택을 내릴 시간을 자신에게 줄 수 있다. 당신은 시간이 가면 점차, 하루에도 여러 번씩, 본연의 순수성이 제 발로 스스로 돌아와서 당신을 재충전시키는 것을 발견하게 될 것이다. 그리하여 더 이상 선택조차 필요가 없어진 것을 말이다.

영원한 젊음

옛날에는 사람들이 불로초를 찾아다녔다. 그것을 먹으면 노화와 죽음을 피할 수 있게 되기를 바라면서 말이다. 그보다 훨씬 문명화된 오늘날, 우리는 불로초 역할을 해줄 알약을 구하고 있다. 물론 의학은 전대미문의 장수를 누릴 수 있게 해주고 있지만 불로를 추구하는 노력의 일부는 '영원히 젊은 마음'을 찾는 데로 돌리는 편이 나을 법하다.

젊은 마음은 옷이나 음악의 기호를 바꾸거나 10대의 말씨를 쓴다고 해서 얻어질 수 있는 것이 아니다. 젊은 마음이란 65세가 돼서도 번지점프를 할 수 있는 그런 마음이 아니다. 본질적으로, 젊은 마음이란 단지 매 순간을 가능성의 느낌으로 맞이할 수 있는 마음자세, 그런 마음상태다. 나는 한 호흡 명상이야말로 젊은 마음이 솟아나는 샘이라고 믿는다.

물론 그 이유는, 젊은 마음이란 전적으로 호기심에 찬 열린 마음에 관한 것이기 때문이다. 아기에게는 세상이 어떻게 보일지를 상상해보자. ― 그것은 끊임없는 경이의 원천이자 실험과 배움을 위한 상존하는 기회다. 아기들은 천성적으로 창조적인 예술가와 실험정신을 지닌 과학자의 혼을 지니고 태어난다.(물론 기술적인 능력은 없지만.) 그러나 중년에 이르면 우리는 만물이 돌아가는 이치를 다 안다고 너무나 확신한 나머지 주변세계에 대한 순진한 호기심을 잃어버린다. 우리는 그걸 모두 보았고, 해보았고, 안다고 믿는다. 그러나 우리는 사실 우주의 이치를 모르고, 우리 내부에 잠재되어 있는 창조성과 능력을 거의 건드리지도 못하고 있다.

　세상을 처음으로 보는 아이의 그 비범한 경외감을 우리가 다시 느껴볼 수 있을지는 의심스럽지만, 세상을 지겨워하거나 인생이란 앞날이 빤하다고 믿어야 할 필요는 없다. 우주가 날마다 갈아입는 비범한 옷을 보고 놀랄 줄 아는 우리의 감각을 잃을 필요는 없다. 달인들은 알고 있다. ― 나이가 들수록 삶을 더 깊이 음미할 수 있게 된다는 것을. 존재한다는 단순한 사실 자체가 기적임을 더 잘 이해하게 되는 것이다. 달리 말해서, 달인에게는 세월이 갈수록 마음이 더욱 젊어진다.

고급 시간관리 기법

'살려는 의지'와 '죽음의 위협'은 매 순간 존재한다. 어떤 것이 시작되려면 뭔가가 끝나야만 한다. 어떤 것이 끝나면 다른 뭔가가 시작된다. 그것을 피해 갈 방법은 없다. — 새로운 모든 것은 낡은 것의 죽음 위에 태어난다.

문자 그대로 일대일의 방식으로 하는 말은 아니다. 아기가 하나 태어날 때마다 누군가가 죽어야 한다는 말이 아니다. 내 말은, 모든 새로운 존재상태는 낡은 존재상태의 종식을 고한다는 뜻이다. 예컨대, 학교에 다니는 첫날은 미취학기의 끝날이다. 두 회사가 합병되면 각각의 독립적인 회사의 정체성은 종식된다. 결혼을 하면 당신은 더 이상 독신이 아니다. 언젠가 이혼한다고 하더라도 결코 총각이나 처녀의 상태로 돌아가지는 않는다.

좀더 본질적인 의미에서는, 매 순간 '과거의' 당신은 죽고 '미래의' 당신이 태어난다. 물론 이것은 심리학적인 의미로 하는 말이다. 하지만 이것은 신체적으로도 사실이다. — 매 순간 어떤 세포는 죽고 어떤 세포는 태어난다. 당신은 항상 변화해가고 있다. 탄생은 단순히 당신 삶의 시초에 일어난 어떤 일이 아니다. 죽음 또한 단순히 마지막 날에 일어날 어떤 일이 아니다. 탄생과 죽음은 바로 지금 일어나고 있다. 그것은 존재를 이루는 두 요소다. 매 순간은 끝과 시작을 품고 있다. 매 순간이 끝이요, 시작이다.

그러므로 순간을 통달하는 경지에 다가가는 동안, 당신은 주변의 모든 것이 빛나고 새롭게 느껴지는 것을 보고 크나큰 환희의 순간을 경험할 것이요, 또한 모든 것, 실로 모든 것이 죽는다는 사실을 진정으로 이해하고는 깊은 슬픔의 순간을 경험할 것이다. 순간을 온전히 끌어안기 위해서는 이 양쪽의 관점을 존재의 본질로서 포용해야만 한다. 가슴속에 얼마간의 균형감을 지니고자 한다면 극단적으로 대치해 있는 이 두 힘을 허용해야만 한다. 내면 깊은 곳에서 이 두 힘의 움직임을 받아들임으로써 이것을 온전히 깨달을 때만 당신은 진실로 평화로워질 수 있다.

여기 매 순간의 탄생과 죽음을 경험하도록 도와줄 두 가지 연습이 있다. ― 하나는 끝에, 다른 하나는 시작에 초점을 맞춘다.

끝내기

죽음이 가까워져오면 많은 사람들이 다소간에 자신의 평소 성격을 벗어버리기 시작한다. 그들은 자신의 삶을 평가하면서 마무리되지 않은 감정의 찌꺼기들을 정리할 필요를 느끼는 것이다. 그들은 이전에 표현하지 못했던 기분을 모두 표출하려고 한다. 진실을 토해놓고 평화롭게 죽고 싶은 것이다. 소원해져 있던 친구나 친지들과 화해하고, 사랑과 용서와 후회와 감사를 표현하고 싶어한다. 하지만 이 일을 하기 위해서 거의 죽어갈 때까지 기다려야만 하는 것은 아니다. 그냥 지금 당신이 죽어가고 있다고 상상하라. 그리고 작업에 착수하라.

다음 연습은 매우 강력하다. 여기에 필요한 것은 상상력뿐이다. 지금

당신 삶의 최후의 순간이 왔다고 상상하라. 그리고 '지금' 죽음을 준비하라. 하지만 그 전에 자신에게 이렇게 물어보라. ― 이것이 마지막 순간이라면 너는 어떤 마음상태이기를 바라는가? 염려하는 상태? 긴장된 상태, 혹은 이완된 상태? 화나 있고 싶은가, 용서하고 싶은가? 찡그리고 있고 싶은가, 미소 짓고 싶은가? 그리고 어떤 심상을 마음속에 품고 싶은가? 어떤 자세를 취하고 싶은가? 구부정하게, 아니면 똑바로 서 있고 싶은가? 앉아 있고 싶은가, 춤추고 싶은가?

이 연습을 더욱 강력한 것으로 만들고자 한다면 다음 세 가지 가정 중에서 아무거나 당신의 믿음에 맞는 것을 한 가지 고려해보라. ― 이 생에서 어떻게 죽느냐가 다음 생에서 어떻게 태어나느냐를 결정할 것이다.(이 가정은 동양의 카르마 사상에서 온 것이다.) 혹은 이것을 고려해보라. ― 죽을 때의 당신의 영혼 상태가 영원을 어떻게 보낼지를 결정한다.(이 가정은

신의 정의에 관한 성경의 이야기에서 나온 것이다.) 아니면 이것을 고려해보라. ─ 죽는 순간에 당신의 영혼의 모습이 스냅사진으로 찍혀서 인터넷에 올려진다고 상상해보라. 당신의 다른 모든 기록과 기억은 삭제될 것이다.(좀 더 현대적인 이 가정은 공상과학에서 나온 것이지만 충분히 고려해볼 만하다.)

자신의 끝내기를 위해 어떤 가정에서부터 출발한다고 하더라도, 그것은 당신을 가장 본질적인 자아에게로 곧바로 데려다준다는 것을 당신이 깨닫게 되리라고 나는 확신한다. 이 연습의 배후 개념은, 당신은 이미 자신의 가장 높고 깊은 본성에 닿아 있는데 그것을 경험하기 위해 거의 죽음에 이를 때까지 기다려야 할 필요가 있느냐는 것이다. 지금 당장 그것으로서 살지 못할 이유가 뭔가?

이 연습은 하루 중 여러 번 할 수 있다. 나는 특히 죽음에 대한 생각이 떠오를 때 이 연습을 한다. ─ 교통사고 현장을 지날 때, 내가 탄 비행기가 이륙하거나 착륙할 때, 병문안을 갈 때, 기차역에서 작별인사를 할 때, 혹은 자연재해에 관한 소식을 들을 때. 나는 이런 모든 경험들을 내가 지금 당장 죽을 수도 있음을 스스로에게 상기시키는 데에 활용한다. 이것은 대개 나를 꼿꼿한 자세로 앉게 만든다. 나는 구부정한 자세로 죽고 싶진 않다. 그리고 전전긍긍하며 죽고 싶진 않으므로 가슴을 활짝 편다. 이렇게 할 때 좋은 점은, 그다음 순간 내가 아직도 살아 있다면 조금 더 당당하고 조금 더 사랑을 가지고 살게 된다는 것이다.

지금이 당신의 최후의 순간이라고 상상하라.
당신은 어떤 상태이고 싶은가?
당신의 몸이 그런 자세가, 영혼이 그런 상태가 될 수 있는지 살펴보라.
그것을 지금 당장 해보라.
죽음에 대한 생각이 떠오를 때마다 해보라.

시작하기

어느 날 대서양을 횡단 중인 비행기에서 나는 앞좌석에 앉은 다섯 살 짜리 꼬마와 즐거운 '까꿍놀이'를 한 적이 있다. 그는 등받이 뒤에 잠시 숨어 있다가 갑자기 고개를 내밀곤 했다. 그럴 적마다 그는 마치 나를 처음 보나 하는 듯이 즐거워했다. 그는 나로 하여금 그가 한 순간 사라졌다고 믿게끔 만드는 것을 너무나 재미있어했다.(그럴 때마다 내가 정말 그렇게 믿었던 것처럼 시늉을 해준 덕분이지만.) 우리는 대서양을 다 건널 때까지 심심할 때마다 이 놀이를 했다.

까꿍놀이는 아이들이 연속성을 배우게 해주는 놀이다. 어린아이들은 연속성을 당연하게 여기지 않는다. 하지만 그들은 자신을 사랑하고 도와주는 존재가 근처에 늘 있다는 것을 확인하고 싶어한다. 그들이 자신과 세상에 어느 정도의 연속성이 존재한다는 것을 얼마간 확신하고 있지 않다면 까꿍놀이를 할 수가 없다. 그러지 않으면 그것은 너무나 무서운 놀이가 될 것이다. 그러니 어린아이들에게 까꿍놀이는 그들이 새로

이 발견한 연속성의 느낌을 강화시켜주는 일종의 훈련인 셈이다. — 눈이 가려져 있어도 엄마는 여전히 여기에 있다. 내가 비행기에서 만난 아이와 같은 좀 큰 아이들에게는, 까꿍놀이는 연속성을 당연하게 받아들이지 않았던 시절을 회상하면서 할 수 있는 즐거운 놀이다.

나이가 들어가는 동안 우리는 연속성을 너무나 당연한 것으로 여기는 나머지 불연속성이 있을 수 있다는 사실조차 망각해버린다. 우리가 상상할 수 있는 유일한 불연속성은 죽음이다. 그리고 우리는 죽음에 대해서는 생각조차 하지 않으려고 무진 애를 쓴다. 하긴 우리는 연속성 — 특히나 우리 자신의 연속성 — 에 중독되어 있다고 할 수 있다. 마치 삶이 일직선으로 영원을 향해 곧장 뻗어가야만 한다고 믿기나 하듯이 말이다. 우리는 가능한 한 오래 살려고 하고 심지어 죽은 이후에까지 — 후손이나 업적을 통해 — 삶을 연장시키려고 애쓴다.

하지만 자신을 한 순간으로부터 다음 순간으로 일직선으로 존속시키려면 많은 긴장이 일어난다. 자신을 시간 위에다 펼쳐놓고 있으면 우리는 팽팽하게 당겨지기 때문이다. 연속성은 그 자체가 일종의 긴장상태다. 그러나 불연속성에 대해 마음을 열 수만 있다면 우리는 모종의 해방감을 맛볼 수 있다. (연속성에 통달한 이후에) 불연속성을 경험한다는 것은 당신이 다음 순간에는 모든 것이 달라질 수 있음을 진정으로 알고 있음을 뜻한다. 당신은 삶을 당연한 것으로 받아들이기를 그친다.

그러니 지금 당장, 당신이 세상과 까꿍놀이를 하고 있다고 상상하라. 눈을 감고 있다가 재빨리 눈을 뜨라. 세상을 처음으로 바라보고 있다고 상상하라. 무엇이 보이는가? 무엇이 당신의 주의를 끄는가? 어떤 기분

인가?

이 놀이를 하는 동안, 돌아온 세상에 놀라는 아이 시늉을 실감나게 할수록 얻는 것이 많아질 것이다. 좀더 오랫동안, 눈을 좀더 꼭 감고 있어보라. 그러다가 갑자기 눈을 더 번쩍 뜨면서 놀란 표정을 지어보라. 갑자기 눈앞에 나타난 새로운 세상을 둘러보라.

지금 이것을 해보라.
세상과 까꿍놀이를 하라.

이 연습은 처음에는 실없는 짓처럼 느껴질 수 있다. 하지만 이건 정말 효과가 있다. 의식을 전환시키고 싶을 때 이것을 해보라. 이 연습은 당신으로 하여금 세상을 더 즐겁게 경험하게 해줄 것이다. 당신은 더 많은 것들이 기쁨 속에 있는 것을 볼 것이다.

순간 관리하기

경영학도 시절에, 나는 조직에 관한 멋진 이론들과 훌륭한 경영기법들을 많이 배웠다. 하지만 경영이라는 전체 개념은 나의 영적인 믿음과 일치되지 않아 보였다. 나에게 영성이란 신뢰, 열린 태도, 그리고 겸손에 관한 것이었는데 경영은 예측과 통제에 관한 것이었다.

실제로 많은 관리자들이 두려움을 품고 경영한다. — 현실이란 잘 관리하지 않으면 제대로 굴러가지 않는다는 두려움 말이다. 게다가 이런 두려움을 품고 있는 것은 관리자들뿐만이 아니다. 우리 모두가 그렇다. 우리는 모두가 뭔가를 관리하고 있거나, 관리하려고 애쓴다. 우리는 누구나 최소한 자기 자신을 관리하려고 하고 있다. 그것은 악순환이다. — 우리는 초조하고 불안하다. 그래서 더욱 관리한다. 그리고 더 관리하면 할수록 우리는 관리하지 않으면 무엇이 어떻게 될까봐 더욱더 전전긍긍한다.

하지만 우리는 오매불망 관리하려고 나섬으로써 오히려 창조성의 자연스러운 흐름을 막는다. 우리는 뭔가 예측할 수 없는 일이 일어날 수 있는 가능성을 금기시한다. 그리하여 불가피하게 그것이 실제로 일어났을 때는 거기에 적응하지 못하여 쩔쩔맨다. 우리는 상황 속에 내포된 본연의 지혜와 중지衆智를 신뢰하지 못한다. 우리는 과거의 경험으로부터 형성된 모델에 근거한 해결책을 삶의 절대적 법칙인양 강요한다.

기적이 — 아니, 멋진 아이디어라도 — 일어나려면 그것은 우리의 머리를 정말 세게 쥐어박아야만 할 것이다. 그러지 않으면 우리가 그것을 알아차리지 못하거나 받아들이지 못할 테니까 말이다. 하지만 멋지고 새로운 기회는 날마다 무수히 우리 앞에 자신을 선보이고 있다. 우주는 우리가 케케묵은 문제로부터 벗어날 수 있도록 새로운 길을 '늘' 제시해주고 있다. 우주는 순간순간 변화하면서 우리가 그와 함께 변해가기를 바라고 있다. 새로운 아이디어들은 없어졌다가도 다시 생겨난다.

그러니 다음번에 뭔가를 관리해야겠다는 충동이 느껴진다면, 멈추라. 그리고 한 호흡 명상을 한 다음에 무슨 일이 일어나는지를 보라. 관리의 필요성이 느껴질 때마다 그렇게 하라. — 당신이 한 도시를 관리하고 있든, 아니면 작은 사업, 혹은 한 반의 학생들, 혹은 당신의 가족, 혹은 파트너, 혹은 단지 자기 자신을 관리하고 있든 간에 말이다. 잠시 동안이라도 그것을 관리하기를 멈추고 있으면 어떻게 되는지를 한 번 살펴보라. 관리의 손을 놓고 한 순간을 지내보는 것은 또 어떤 느낌인지를 보라.

당신은 당신 주변의 모든 사람들이 당신이 모든 것을 잘 통제하고 있기를 원하고, 그래야 한다고 기대하고 있다고 믿을지도 모른다. 실제로, 당신은 당신이 관리와 통제를 멈춰버리면 모든 사람이 공황상태에 빠져버리리라고 믿고 있을 수도 있다. 그러나 이것은 아마 단지 그들이 다른 누군가에게 관리를 맡겨놓고 거기에 의존하게 되었기 때문일지도 모른다. 어쩌면 당신이 관리하기를 멈추면 그들이 나서서 스스로를 멀쩡히 잘 관리할지도 모른다. 어쩌면 우리 모두가 관리하기를 멈춰버려도 다들 잘 살아남을지도 모른다. 나는 요즘 경영자들을 자문하면서, 관리되지 않는 순간들 속에서 솟아나는 풍부한 지혜의 원천을 그들이 발견해 내도록 도와주려고 노력한다.

사실, 세상에서 가장 뛰어난 예측기술로도 다음 순간에 어떤 일이 일어날지는 알아낼 수가 없다는 점을 명심하라. 그리고 그것을 정말로 통제한다는 것은 불가능한 일이다. 그렇다고 해서 과학적 예측이 의미가 없다거나, 미래를 계획하지 말아야 한다는 것은 아니다. 이것은 다만 우리의 계획이 끊임없는 변화에 대한 인식과 일어날 수 있는 일에 대한 활짝 열린 태도로부터 나와야 한다는 뜻이다. 관리를 덜 하기를, 아니, 지금 이 순간의 깊은 '있음'의 자리로부터 관리하기를 배울 수만 있다면 우리는 두려움은 덜 느끼고 가능성은 더 많이 경험하게 될 것이다.

매 순간이 너무나 새롭고, 우리를 놀라게 할 잠재력을 지니고 있음을 받아들인다면, 그것은 다음 순간이 오로지 과거에 의해서만 결정되지는 않을 것임을 뜻한다. 그러니 자신이 과거의 희생제물이라고, 혹은 자신이(혹은 다른 사람이) 이전에 내린 선택에 예속된 존재라고 투덜거리고 싶어질지라도, 과거 경험의 색깔이 당신의 현재를 물들이도록 '내버려둬야만' 하는 것은 아니다. — 당신은 씁쓸해할 수도 있고, 희망에 차 있을 수도 있다. 당신은 지쳐 주저앉아 있을 수도 있고, 낙관할 수도 있다. 마음을 닫아걸고 있을 수도 있고 활짝 열 수도 있다.

스트레스를 날려보내는 비결 중 하나는, 일어나고 있는 일을 당신이 정말 알지는 못한다는 사실을, 당신이 모든 것을 통제할 수는 없다는 사실을, 당신이 확신하고 있는 일조차 늘 변수를 가지고 움직이고 있다는 사실을 그냥 받아들이는 것이다. 이것은 당신이 다른 이들에게 줄 수 있는 가장 큰 선물이기도 하다. — 그들이 어제와 달라질 수 있는 자유를 주는 것 말이다.

진정한 달인은 주의를 기울이는 모든 순간을 자신이 아는 것이 얼마나 적은지를 기억하는 데에 쓴다. 그는 임하는 모든 순간을 가능성에 대해 마음을 여는 데에다 쓴다. 이것은 '알지 않음'의 훈련이요, 그것이 겸허한 태도의 핵심이다. 그러니 당신의 연습에 이것을 더해보라. — 자신이 모든 것을 아는 것처럼 나서는 것을 알아차릴 때, 한 호흡 명상을 하라. 의문을 던져보지 않은 가정을 근거로 어떤 일을 하려고 나서는 자신을 발견할 때, 한 호흡 명상을 하라. 순진무구의 상태로 돌아가서 자신이 얼마나 아는 것이 없는지를 스스로 상기시키라. 뭔가가 달라질 수 있다는 가능성에 마음을 열어두라. 세상에 약간의 여유 공간을 주라. 그러면 당신은 놀라게 될 것이다.

반전의 순간

이 책의 들어가기에서 나는 '순간'이라는 말이 '저울을 충분히 기울여놓을 수 있는 입자'라는 뜻의 라틴어에서 왔다고 했다. 그리고 당신에게 매 순간이 엄청난 잠재력을 지니고 있음을 상기시켜주기 위해 이 개념을 사용했다. 그렇다면 문제는, 과연 당신이 이 기회를 활용하여 힘든 상황조차도 뒤집어놓을 수 있을 만큼 깨어 있느냐 하는 것이다.

여기 날마다, 모든 일터에서 흔히 일어나는 상황이 있다. 한 사람이 — 마감시간이나 업무성과 부실이나 위기를 맞아 — 스트레스를 받고 있다. 그리고 그는 그 스트레스를 다른 사람, 혹은 모든 사람, 특히 자기보다 낮은 지위에 있는 사람들에게다 풀고 있다. 이것은 주변환경에 유독한 영향을 미친다. 그것은 일의 질을 저하시키고 사람의 속을 끓게 하여 혈압을 올려놓아 작업회전율이 낮아지게 만든다. 이것은 일터에서만 일어나는 일도 아니다. 우리 모두가 기회만 되면 언제나 누구에게든 그렇게 한다. 심지어 많은 부모들이 자신의 자녀들에게 그렇게 한다.

하지만 다른 방법이 있다. 자신에게 "잠깐, 그걸 다른 사람에게 전가하지 말아"라고 속삭이도록 해보라. 달리 말해서, 당신에게 어떤 일이 일어나든지 그 스트레스를 다른 사람에게 전가하지 않기로 맹세하는 것이다. 당신이 받은 스트레스가 어떤 것이든, 심지어 그것이 다른 사람 때문에 생긴 것이라고 하더라도 이젠 그것을 당신이 책임지고 변화시켜야 한다. 당신의 몸을 변화의 그릇으로 만들라.

휴대용 1분 명상이나 한 호흡 명상을 하라. 스트레스가 흩어져 사라지는 것을 경험하게 될지도 모른다. 아니면 그것을 적절하게 풀 수 있는 방법을 발견하게 될 수도 있다. 또 아니면 그 스트레스가 순수한 에너지로 변해서 온몸으로 퍼져나가 활력과 원기를 주는 것을 경험하게 될 수도 있다.

이 연습을 반복하다 보면 다른 사람들의 스트레스가 이전만큼 당신을 스트레스 받게 만들지 못한다는 것을 깨닫게 될 것이다. 그리고 나는 우리가 저마다 자신의 스트레스를 남에게 전가하기를 그치면 우리에게 오는 스트레스도 적어지리라고 믿는다.

불행히도, 대부분의 사람들이 '모든 작용에는 반대방향 같은 힘의 반작용이 있다'는 뉴턴의 제3운동법칙에 의거해서 살아가고 있는 듯하다. 누가 우리에게 해를 입히면 우리도 그것을 되갚아준다. ― 아니면 그 대신 다른 누군가에게 해를 입힌다. 그러나 그것을 '전가하지 않기를' 애쓴다면 우리는 '누가 네 뺨을 때리거든 다른 쪽 뺨도 돌려 대어주라'는 예수의 가르침을 따라 조화롭게 살기를 도모하고 있는 것이다. 우리는 우리가 반대 방향 같은 힘으로 반작용을 보이는 뉴턴 물리학 속의 사물이 아니라 인간이라는 사실을 기억하고 있다. 우리는 그보다 잘할 수 있다. 언제든지 한 호흡 명상을 할 수 있을 정도가 되어 있으면 누가 우릴 때리더라도 우리는 시간을 벌 수 있다. 그 시간에 우리는 거기에 반격을 가할 것인지, 다른 뺨을 돌려 대줄 것인지, 아니면 또 다른 선택을 찾아볼 것인지를 의식적으로 결정할 수 있다. 아마도 그 한 순간이야말로 세상을 정말로 완전히 바꿔놓을 수 있을 것이다.

"잠깐, 그걸 다른 사람에게 전가하지 말아"라고 써진
작은 팻말을 만들라.
이것을 자주 볼 수 있는 곳에다 놓아두라.
다른 사람의 스트레스에 반응하는 대신 한 호흡 명상을 해보라.

절묘한 순간

고대 그리스어에는, '절묘한 순간'이란 뜻의 '카이로스(kairos)'라는 멋진 말이 있다. 카이로스는 어떤 순간은 어떤 일에 딱 맞고 다른 순간은 또 다른 일에 딱 맞다는 것을 암시한다. ―"모든 것에는 철이 있고 모든 일에는 때가 있다"는 성경의 말처럼 말이다.

하지만 우리는 너무나 자주 엉뚱한 때에 일을 벌인다. 사실 우리는 올바른 때를 감지하는 능력이 매우 떨어진다. 적당한 때를 알아차리지 못함으로 해서 얼마나 많은 노력이 수포로 돌아가고 혈압은 또 얼마나 올라가는가?

예컨대 당신은 어떤 시점에 친구에게 충고를 해보려고 달려들었지만 그것이 다 헛일이라는 강한 느낌을 틀림없이 느껴보았으리라. 반면에 또 어떤 때는 적시에 적절한 말을 해서 그것이 매우 도움이 되는 경우도 있다. ―'먹혀든' 것이다. 좋은 충고를 주는 비결은 단지 '무엇을' 말할 것인지를 아는 데만 있는 게 아니라 '언제' 그것을 말해야 할지를 아는 데 있다. 의사결정에도 동일한 원리가 적용된다. 그것은 단지 '무엇을' 해야 할지에 관한 문제가 아니라 그것을 '언제' 하느냐의 문제이기도 하다. 달인은 모든 일에 필요한 때를 알고 어떤 일에도 노력을 낭비하지 않는다.

나는 내 인생의 대부분을 이와는 반대로 보냈다. 나는 문이 닫혔을 때 힘으로 밀어붙이기를 좋아하고, 정작 문이 열려 있을 때는 흥미를 잃어버렸다. 하지만 대부분의 사람은 나처럼 자학적이지 않다. — 그들은 단지 자신과 주변환경의 리듬을 알아차리지 못하는 것일 뿐이다. 하지만 당신은 자신에게 좀더 가까이 귀를 기울이고 세상의 신호를 좀더 정확히 읽어내는 방법을 배울 수 있다. 적절한 때를 감지하는 법을 배울 수 있다. 언제 더 열심히 하고 언제 쉬어야 할지를 배워서 알아낼 수 있다. 언제 기회를 붙잡고 언제 놓아보내야 할지를 배워서 알 수 있다.

궁술에서 카이로스는 '열린 구멍', 혹은 '기회', 혹은 더 정확히는 화살이 지나가야 할 긴 터널과 같은 틈을 가리킨다. 그러므로 카이로스를 잘 통과하려면 화살을 정확히 쏘아야 할 뿐만 아니라 구멍을 관통할 만큼 충분한 힘을 주어서 쏘아야 한다.[16] 이것은 적시에 행동하려면 일정한 자신감도 필요함을 말해준다.

베짜기 작업에서 카이로스는 베의 날실 사이에 잠시 열린 틈새로 북을 지나보내야 하는 '정확한 시점'을 가리킨다.[17] 이것은 기회가 문을 두드릴 때를 늘 대비하고 있어야 함을 암시한다. 슬프게도 우리 중 많은 사람들은 자신의 잠재력에 대한 이해가 보잘것없어서 기회가 문을 두드리고 있어도 그것을 알아차리지 못한다.

신약에서 카이로스는 '신이 역사하는 때'를 뜻하는 말로 쓰인다. 이것은 가장 높은 차원에서는 신의 역사를 가리키지만 일상적 차원에서는 올바른 때가 나타나 우리 앞에 분명히 드러나기를 기다림을 뜻하기도 한다.

매 순간 뭔가 귀한 일이 일어나려고 하고 있지만, 그것은 당신이 의식적으로 원하는 것과는 다른 것일 수도 있다. 통달의 경지란 단지 당신이 원하는 것을 얻는 방법을 아는 것만이 아니라 당신에게 진정 필요한 것이 무엇인지 귀를 기울이고 지켜보는 것을 뜻한다. 그것이 반드시 신비적인 계시 같은 것이어야만 하는 것은 아니다. 그것은 다만 '때'를 주시하면서 동시에 자기 내면의 가장 깊고 진실한 목소리에 귀를 기울이는 것을 뜻한다.

하지만 카이로스에는 그보다 더 깊은 또 다른 의미가 있다. 그리고 이 의미는 더욱더 깊은 고요를 가져다준다. 만일 당신이 내면의 평화를 경험하기에 적절한 때를 기다리고 있다면, 기다리지 말라. 내면의 평화는 당신이 전혀 기대하지 않은 때 — 개인적 스트레스나 비상재해, 혹은 큰 비극의 한가운데서조차 나타날 수 있다.(나는 불타는 건물의 한가운데서 깊은 평화의 순간을 체험했다는 소방관을 알고 있다.) 요점은, 내면의 평화가 문제라면, 그 어떤 순간도, 모든 순간이 제때라는 것이다. 매 순간이 당신이 기다려왔던 바로 그 순간이다.

당신은, "그야 누가 평화롭기를 바라지 않겠어? 하지만 넌 내가 얼마나 바쁜지 상상도 못할 거야"라고 말하고 싶은 유혹을 느낄지도 모른다. 나도 이런 변명을 많이 해봐서 그 심리를 너무나 잘 안다. 하지만 그건 말도 안 된다. 무엇보다도, 당신이 가장 바쁠 때야말로 내면의 평화가 가장 절실히 요구되는 때다. 둘째로, 내면의 혼돈을 일으키는 진짜 원인은 바로 그 뒤로 미루는 — 여기 있는 그 순간을 외면하고 등을 돌리는 — 습관이기 때문이다.

'미래의' 고요라는 판타지를 만들어내는 마음을 멈추고 당신이 느끼고 있는 스트레스의 느낌을 받아들이면 스트레스를 다루기가 좀더 쉬워진다. 그러면 다음 순간에 스트레스를 받지 않을 가능성도 훨씬 더 높아진다.

그러니 그저 지금 일어나고 있는 일과 함께 있도록 해보라. 그것이 평화로워지는 것과는 거리가 멀다고 생각될지라도 말이다. 당신은 곧 스트레스의 순간이 고요를 방해하지도, 늦추지도 않으며 그것은 게임의 일부일 뿐임을 깨닫게 될 것이다. 심지어 스트레스란 더 깊은 고요를 찾아내라고 고요가 당신에게 던져주는 하나의 도전과제라고도 할 수 있다.

다음에 자신이
"지금은 바빠서 한 호흡 명상을 할 수가 없어"라고 말할 때,
그것을 알아차리고 즉시 한 호흡 명상을 하라.

궁극의 순간

나는 우리의 모든 문제가 시간과 공간에 대한 우리의 믿음과 어떻게든 얽혀 있다고 확신한다. 우리는 시간이 너무 느리게 움직이고 있다거나, 너무나 많은 일이 한꺼번에 일어난다거나, 시간이 촉박하다고 느낀다. 우리는 더 여유 있는 공간, 더 이상적인 공간을 갖기를 갈망하거나 — 교통체증이나 국경분쟁의 경우처럼 — 공간을 놓고 다른 이들과 다툰다. 우리는 마치 자신이 원하는 시공간 속으로 아무런 제약 없이 파고들 수 있어야만 한다고 믿고 있는 듯하다. 아무것도 우리를 방해해서는 안 되는 것이다.

우리가 시간과 공간을 놓고 다툴 때마다 맨 먼저 올라오는 충동은 대개, 시간이나("시간이 없어") 공간을("공간이 더 필요해") 탓하거나 우리의 시공간적 요구에 응하지 않는 (예컨대 복잡한 인도에서 내 앞을 느릿느릿 걷고 있는) 다른 사람들을 탓하는 것이다.("왜 이렇게 거치적거리는 거야?") 혹은 서두르거나 속도를 늦추거나 마감시간을 미루거나 방을 새로 내거나 울타리를 두르는 등으로, 시간이나 공간을 더 얻어내기 위해 조건을 바꾸려고 애쓴다.

하지만 나는 당신에게 좀 희한한 주장을 하려고 한다. — 모든 것은 — 절대적으로 모든 것은 — 제때에 일어나고 있다는 것이다. 물론 이것을 증명할 수는 없다. 하지만 이것을 하나의 철학으로서 시험해보고 어떻게 되는지를 살펴볼 수는 있다. 시간과 공간을 탓하거나 시공간의 문제를 해결하려고 애쓰는 대신 잠시 동안 시간과 공간이 완벽하다고 그냥 믿어보는 것이다. 일어나고 있는 일을 좋아해야만 하는 것은 아니다. 해보면 때로는 실로 놀라운 느낌이 들 것이다. — 무시무시하도록 놀라운 느낌 말이다. 아무튼 잠시만이라도 시간과 공간이 완벽하다는 사실을 받아들이면 어떤 일이 일어나는지를 한 번 보라.

언제든 시간이나 공간을 놓고 다투게 된다면, 이제부터 그것은 엄청난 기회의 순간이 된다. 서두르거나 버둥거리거나 탓하거나 하는 대신 그저 때는 완벽하고 공간은 충분하다고 생각하고 한 호흡 명상을 하고 나서 무엇이 어떻게 변하는지를 보라.

나는 모든 다툼의 경험 — 당신과 시간 사이, 당신과 공간 사이, 당신과 다른 이들 사이, 혹은 당신과 온 세상 사이의 — 은 지금 하고 있는 짓을 잠시 멈추어보라는 초대의 신호라고 믿는다. 사실, 하던 일을 잠시 멈추기에 가장 적절한 때는 시간이 내 편이 아니라고 느끼는 바로 그때다.

> 다음번에 '때가 맞지 않다'거나
> '영 틀려버렸어'라는 식으로
> 시간과 다투는 느낌이 들 때,
> 사실 때는 완벽한데 당신이 그 이유와 이치를
> 모를 뿐이라고 생각해보라.
> 그리고 즉시 한 호흡 명상을 하라.

이 연습을 하면 처음에는 그저 약간 더 평화로워지는 느낌을 느낄지도 모른다. ― 갈등으로 몸부림치는 대신 그 갈등의 한가운데로 호흡하여 들어가는 것이다. 그 갈등 때문에 그토록 갈등하지는 않게 될지도 모른다. 그러면서 여기에는 당신이 배워야 할 뭔가가 있다는, 혹은 이 불행이 어떤 이유로 해서 일어난 것일지도 모른다는 암시를 문득 알아차리게 될 수도 있다. 기독교 전통에서는 이런 것을 신의 뜻이라고 한다. 신의 뜻은 우리에게 늘 분명하지도 않고 이해되지도 않는다. 그러나 그것은 언제나 신을 더 깊이 믿게 되는 기회를 제공한다. 동양의 전통에서는 이것은 카르마 사상에서 나온다. ― 모든 순간은 중요한 교훈을 터득할 완벽한 기회라는.

당신이 경험하게 될지도 모르는 다음 일은, 시간이나 공간과의 갈등을 정말로 완전히 치유해줄 그것, 곧 사랑이다. 누군가를 사랑하면 '너'라든가 '나'라는 말을 할 수가 없게 된다. 사랑 안에서는 당신은 이전보다 덜 '당신 자신'이고 다른 이는 덜 '다른 이'다. 사랑이란 당신 자신과 다른 이 사이의 경계를 더 이상 인식하지 않을 때 나타나는 무엇이다. 그것은 또한 경계란 사실 존재하지 않는다는 깨달음의 경험이기도 하다. 그리고 가장 깊은 형태의 사랑, 대문자로 Love라 불릴 수 있는 사랑은 단지 당신과 가까운 누군가만을 위한 것이 아니라 모든 사람과 모든 사물을 위한 것이다. 이 사랑은 당신과 세상이 정말 분리되어 있지 않다는 사실을, 끊임없이 다양한 형태를 띠고 나타나는 한 물건밖에 존재하지 않음을 깨달을 때 일어난다.

당신과 공간 사이, 혹은 당신과 시간 사이의 갈등을 넘어설 때마다 당신은 이 사랑을 경험한다. 사랑이란 간혹가다 경험하는 압도적인 그런 느낌이 아니라 실재(reality)의 본성이다. 그것은 다름 아니라 당신과 우주 사이에 놓인 것처럼 보이는 경계가 와해될 때 당신이 경험하는 그것이다.

사랑을 느낄 때, 당신은 진정으로 그 순간 속에 있다. 철학자 알프레드 노스 화이트헤드Alfred North Whitehead는 이렇게 말했다. "〔사랑은〕 미래를 기다리지 않는다. 그것은 바로 지금 자신에게 돌아오는 보상을 발견하니까."[18] 달리 말해서, 사랑을 경험하고 있을 때는 시간도, 공간도 존재하지 않는다.

한술 더 떠서 말하자면, 최소한 사랑의 한 끄트머리라도 느끼지 않고서는 진정으로 그 순간 속에 있을 수가 없다. 그것은 압도적이고 엄청난 감정이 아닐 수도 있다. 그것은 매우 미묘한 것일 수 있다. 그것은 단지 당신이 하고 있는(doing) 일에 대한 사랑이거나, 아니면 단지 있음(being) 그 자체에 대한 사랑일 수도 있다. 당신이 매우 복이 많다면, 그것은 하고 있음에 대한, 그리고 그저 있음에 대한 사랑이다.

사랑의 경험 속에서 시간과 공간은 더 이상 문제가 되지 않는다. 당신은 비교하고 재고 헤아리기를 멈춘다. 프루스트의 말을 빌자면, "사랑은 가슴이 직접 잰 공간과 시간이다." 사랑의 경험 속에서 공간과 시간은 녹아내리고, 당신도 마찬가지로 녹아내린다.

음미의 순간

7부를 마치기 전에 음미의 한 순간을 즐겨보라. 음미의 순간은 일어나고 있는 일을 알아차렸는데 그것을 제대로 음미하고 싶을 때 언제든지 즐길 수 있다.

어떤 순간이 특별하게 느껴질 때, — 예컨대 여행을 하다가 놀라운 경치나 기념비적인 장소를 방문했을 때, 결혼식이나 생일 등의 잔칫날에, 혹은 아이가 너무나 귀여워 보일 때 — 우리는 흔히 카메라를 찾아서 그 순간을 '포획'한다. 유감스럽게도, 우리는 너무나 성급하게 카메라를 더듬어 찾아서는 아직 제대로 경험하지도 않은 것을 사진에 담아놓고는 만족스러워한다. 카메라를 찾는 이 반사적인 행동은 그 순간의 '경험'을 훼방할 수 있다. 순간을 포획하는 행위가 때로는 그 순간을 죽여버릴 수 있는 것이다.

이것을 뭔가 다른 방식으로 해보고 싶다면 순간을 음미해보라. 음미의 순간이란 음미하는 태도로 한 호흡 명상을 하는 것이다. 이것은 약간의 변형과 함께 매우 천천히 한다. — 들이쉴 때 그 경험을 (연관된 느낌과 함께) 들이마시고 그것을 마음속에 새긴다고 상상하라. 숨을 내쉴 때는 숨과 함께 그 경험을 내뱉는다고 상상하라.

이 연습에서는 결코 순간을 '포획하지' 않는다는 점을 명심하라. — 당신은 그것을 온전히 음미한 다음, 놓아보낸다. 당신은 '이' 순간을 음미하지만 동시에 '다음' 순간을 위해 자리를 비워둔다. 음미의 순간은 결코 삶의 흐름을 가로막지 않는다.

음미의 순간은 삶이 너무 빨리 지나가는데 속도를 늦추는 것은 불가능해 보일 때에도 유용하다. 내 친구 클라라는 아기를 낳을 때 여러 번 음미의 순간을 가졌다. 힘든 임신과 오랜 산통 끝에 출산이 갑자기 '매우' 빨리 시작되었다. 하지만 클라라는 전혀 마음의 준비가 되어 있지 않았다. 그녀는 잠시 시간을 갖고 싶었다. ― 일어나고 있는 일에 감정의 준비를 갖추기 위해서 말이다. 그녀에게는 그 통과의 시간을 맞아들여 임신기에 작별을 고하고 아기를 만날 준비를 제대로 갖출 시간이 필요했다. 그러나 물론 산통을 멈추게 할 수는 없는 일이었다. 그녀가 할 수 있는 유일한 일은, 일어나고 있는 일과 함께 호흡하면서 감정적, 영적으로 그 흐름 속에 매 순간 오롯이 머무는 일뿐이었다.

그녀의 이야기는, 상황이 아무리 급박하게 지나가고 있을지라도 우리는 순간 속에 온전히 머물 수 있다는 사실을 상기시켜주는 좋은 예다. 행위를 멈출 필요는 없다. ― 그저 그것을 달리 바라볼 필요가 있을 뿐이다. 영화에서는 종종 이 같은 인식의 변화 ― 일종의 고양된 자각상태 ― 를 느린 화면으로 보여준다. 뭔가 극적인 일이 빠른 속도로 일어나고 있지만 주인공은 그것을 매우 느리게, 그 모든 세부적 상황을 온전히 인식하면서 경험하는 것 같다. 순간 속을 사는 것은 이와도 흡사하다. 당신은 마치 언제든지 마음의 느린 화면 스위치를 올려서 화살처럼 스쳐 지나가는 삶의 뉘앙스를 마음껏 음미할 수 있는 것만 같다.

가장 놀라운 음미의 순간들은 우리가 너무나 일상적인 일을 하고 있는 중에 아무런 이유도 없이 저절로 일어나는 듯하다. 당신은 있는 그대로의 평범한 세상을 갑자기 새롭게 음미한다. 무엇이든 존재한다는 사실 자체가 마치 기적처럼 새록새록 느껴진다. 심지어 당신 자신의 존재도 기적 같고 감사하다. 이 책이 그러한 순간들을 많이 경험할 수 있도록 당신에게 도움을 주기를 희망한다.

지금 음미의 순간을 가지라.

8부
순간의 통달

무순간의 순간

순간에 통달하기 위해서는 마지막의 작은 계단을 지나야 한다. 하지만 그 전에 먼저 순간의 한 가지 역설을 설명해야만 하겠다. — 당신은 이 책의 여러 곳에서 그 역설이 얼굴을 비치는 것을 보았을지 모른다. 이제 그것을 설명해보겠지만, 사실 역설이란 그 자체의 정의에 의하면, 제대로 설명할 수가 없는 것이다.

한 관점에서 보면 각 순간은 다음 순간으로 매끄럽게 흘러간다. 이 관점에서는 시간은 '연속적'이다. 이런 관점을 취하는 영적 스승들은 우리가 아무리 우주가 영원하거나 오래 존속한다고 생각하고 싶어할지라도 실제로는 아무것도 그렇지 않음을 늘 상기시켜준다. 우리는 만물을 그저 견고하고 고정되어 있으며 일정 기간 동안 존속하는 것으로 믿지만, 사실 그것들은 끊임없이 변하고 있어서 변함없이 머물러 있는 것은 아무것도 없다. 스트레스란 그 영속적인 느낌을 붙잡으려고 애쓰는 결과로 생기는 것이지만, 마음의 평화는 — 당신을 포함하여 — 삶 속의 모든 것이 영속한다는 환상을 내려놓을 때 나타난다. 그러니 어떤 것에도 매달리지 말라. — 당신의 일자리, 파트너, 집, 심지어는 당신 자신에 대한 생각까지도. 그저 흐름과 함께 흘러가라. 달리 말하자면, 실재(reality)는 거대한 흐름이다.

하지만 다른 관점에서 보면 '변화' 같은 것은 없다. 어느 한 순간에서든 당신은 지금 있는 그대로의 우주만을 보고 있을 뿐이다. 예컨대,

당신은 나무에서 떨어지는 낙엽을 보고 있는 것이 아니다. — 처음에는 나무에 달려 있는 잎을 본다. 다음 순간 당신은 허공에 떠 있는 나뭇잎을 본다. 그리고 그다음 순간에 당신은 땅 위에 놓여 있는 나뭇잎을 본다. 당신이 실제로 경험하는 것은 모두가 정지된 '지금'의 시점이다. 그러니 달리 말하자면 지금만이 존재하는 유일한 것이다. 이런 시간경험 속에는 순간들 사이에 다리가 없다. — 시간은 '불연속적'이므로. 이러한 관점을 취하는 영적 스승들은 시간 — 그리고 만물이 변화한다는 인식 — 은 환상이라고 말한다. 이 환상을 버리면 우리는 지금 이 순간을 온전히 경험한다. 현재의 순간만이 존재하는 전부이므로. 그리고 과거와 미래에 대한 모든 생각들을 내려놓으면 우리는 영원에 가닿는다. 그러니 달리 말해서, 실재는 고요히 멈춰 있다.

그러니 한 관점에서 보면 만물은 변화해가고, 다른 관점에서 보면 변화란 존재하지 않는다. 한 관점에서 보면 시간은 흐르고 있고, 다른 관점에서 보면 시간은 존재하지 않는다. 한 관점에서 보면 지금은 없고, 다른 관점에서 보면 오로지 지금만이 존재한다. 한 관점에서 보면 실재는 연속적이고, 다른 관점에서 보면 실재는 불연속적이다. 한 관점에서 보면 만물이 움직이고 있고 다른 관점에서 보면 만물은 고요히 멈춰 있다.

일본의 선사 도겐永平道元은 실재의 이 같은 역설적 본질을 '연속적 불연속성'이라는 표현 속에 함축했다. 그것을 좀더 친숙한 방법으로 표현하자면 이러하리라.

변하지 않는 유일한 것은, 모든 것은 변한다는 사실이다.

이것은 곰곰이 씹어봐도 잘 정리가 되지 않는 생각이다. 나는 이것을 생각할 때마다 마치 발밑에 디딜 땅이 없는 것처럼 좀 어지러운 느낌이 든다. 하지만 이 어지러운 느낌은 동시에 멋진 느낌이다. 그것은 역동적이고 에너지로 충만하다. 그것은 놀라운 해방감을 선사하지만 동시에 매우 평화롭다. 그것은 이렇게도 표현할 수 있으리라.

> 완전한 고요를 경험하려면
> 만물이 끊임없이 변화해감을 온전히 받아들여야만 한다.

어느 편에서 보든 간에, '하나의' 순간 같은 것은 존재하지 않는다는 점을 명심하라. 만물이 끊임없이 변화해간다고 보는 한 관점에서 보면, 순간은 '끊임없이' 변해가고 있어서 다른 순간으로부터 떼놓을 수 있는 '한' 순간은 존재하지 않는다. 아무것도 변하지 않는다고 보는 다른 관점에서 보면, 다른 순간들과 구별할 수 있는 '한' 순간은 존재하지 않는다. 왜냐하면 존재하는 것은 영원히 지금밖에 없어서, 다른 순간이란 것이 존재하지 않기 때문이다.

초개아심리학자 켄 윌버Ken Wilber는 자신의 저서 《무경계》에서 그것을 이렇게 표현했다. "이 지금의 순간 밖에는 과거도 미래도 존재하지 않기 때문에 이 순간에는 경계선이 없다. — 그 이전에도, 그 이후에도 아무것도 없다. 그것이 시작하는 것도, 그것이 끝나는 것도 결코 경험할 수 없다."[19] 그리고 그는 육조단경의 다음 말을 인용한다.

이 순간 속에는 생겨나는 것이 없다. 이 순간 속에는 없어지는 것도 없다… 이 순간에는 경계도 한계도 없으니, 여기에 영원한 희열이 있다.[20]

하지만 이것은 내게 나쁜 소식을 전해준다. 순간은 그 이전이나 이후 같은 것이 없으므로 다른 순간과 떨어진 '한' 순간 같은 것은 없다. 그리고 한 순간 같은 것이 존재하지 않는다면 그것을 통달하는 일도 당연히 있을 수 없다. 당신은 결코 미래의 어떤 시간에 앉아서 순간 명상법을 떠올리면서 '그거 해본 거야'라고 생각할 수가 없을 것이다. 달리 말해서, 통달은 끊임없는 갱신을 요구하는 것이다. 통달이란 마치 처음인 것처럼 늘 새로 시작하는 것을 뜻한다.

그러니 행여나 자신이 이미 달인이 되었다고 생각한다면 당신은 순간을 벗어나 발을 헛디딘 것이다. 자신이 미래의 어느 시점에 달인이 되리라고 생각한다고 해도 당신은 순간을 벗어난 것이다. 그리고 자신이 '언제나' 달인이라고 주장하는 사람을 만난다면 그 또한 정말로 헛발을 디디고 있는 것이다. ― 오로지 순간적으로밖에는 달인이 될 수가 없다. 이것은 내게 좋은 소식을 전해준다.

영원히 달인이 될 수는 없지만
지금 당장은 분명 달인이 될 수 있다.

순간의 달인

고대 중국의 지혜서인 '역경'은 이렇게 말한다. 지혜로운 자에게 "시간은 사물이 분명한 순서에 따라 단계적으로 전개될 수 있게 해준다는 점에서만 의미를 가진다." 달리 말해서, 시간은 감옥이 아니라 기회다. 그것은 당신의 삶이라는 천을 짜내는 베틀이요, 교훈을 얻는 교실이요, 자신의 가능성을 발견하고 표현하게 하는 장이다. 핵심은, 시간으로부터 자유로워지는 것이 아니라 시간 속에 자유롭게 머무는 것이다. 통달이란, 시간 속에서 당신에게 일어나는 모든 일들을 순간순간 받아들이는 것이다. 당신은 그것이 그저 게임의 일부임을 알고 있다.

시간이 생각했던 것처럼 실재가 아니라 그저 하나의 멋진 기회임을 받아들일 수 있다면 사실 당신은 시간의 흐름을 유유히 즐길 수 있다. 시간은 더 이상 적군이나 결핍된 물자 같은 것이 아니다. 당신은 더 이상 시간을 얻어내기 위해 싸우는 서글픈 코미디를 연출하지 않아도 되고 더 이상 자신이 시간의 희생제물이라고 생각하지 않아도 된다. 당신은 '고요해져야 할' 필요가 없고 더 이상 바쁘게 '변해가야 할' 필요도 없다. 급할 것도 없고 무서울 것도 없다. 젊은 것도 좋고 늙은 것도 좋다. 당신이 바로 '시간 그 자체'이니까.

당신은 노련한 삶의 경륜과 어린아이의 순진무구로써, 바로 지금 일어나고 있는 모든 것을 있는 그대로 받아들인다. 지금으로서는 그저 '지금'이란 지금이 있는 거기이고, '지금'이란 측량하고 헤아릴 수 없는 것임만을 알아두라. 수피 시인 루미는 〈지금 가지고 있는 이것〉이라는 시에서 그것을 이렇게 표현한다.

우리가 지금 가지고 있는 이것은
상상이 아니다.

이것은
슬픔도 기쁨도 아니다.

분별하는 상태도
의기양양한 상태도,
슬픈 상태도 아니다.

그런 것들은
왔다가 간다.

이것은
하지 않는
있음이다.[21]

이 지금 속에서 당신은 모든 것을 처음으로 보는 것처럼 바라본다. 기독교 전통에서 마이스터 엑크하르트는 이 지금을 이렇게 묘사했다. —"신 안의 영혼이 만물을 새롭고 신선하게 만나는 영원한 지금." 불교 전통에서 일본의 메주미前角博雄 선사는 새로운 비구의 머리를 깎일 때마다 머리에 물을 뿌리면서 이렇게 말하곤 했다. "모든 것이 새롭고 신선하도다!"

그리고 이 '지금'은 당신의 것이기도 하다. 당신이 우주를 — 그리고 당신 자신을 — 다시금 새롭게 발견하는 낱낱의 모든 순간 속에서 당신은 달인이다. 덧없고도 중차대한 이 순간 속에서 당신은 이것을 알기에.

<blockquote>
이 호흡과 함께 나는 다시 태어나고,
만물은 새롭고 신선하다.
</blockquote>

감사의 글

나의 친구들, 가족들, 그리고 스승들이 이 책의 초고를 읽고 귀한 의견을 주었다. 플로렌스 보로슨, 루이스 보로슨, 앤드류 도드, 랜댈 료탄 아이거 센세이, 레니 깁슨, 닌케 메르비스, 바바라 조신 오하라 센세이, 리야 파커, 더그 팩스턴, 크리스 스톤, 다이애나 테오도르, 그리고 엘리제 소런에게 깊은 감사를 전한다. 누나 바바라 보로슨은 늘 그랬던 것처럼 세심한 비평과 편집의 도움과 격려를 아낌없이 제공했다. 자형인 조셉 럿은 출판과정에서 조용하게 중요한 충고를 해주었다.

수그라 자만은 나의 최초의 아이디어가 출판제안으로 변신하도록 도움을 주었고 이 책이 나온 첫 번째 출판사인 라이더를 찾아주었다. 라이더 출판사의 주간 쥬디스 켄드라와 수라셀은 초고를 잘 편집해 다듬어주었고 캐더린 트리펫은 중요한 인용허가 문제를 해결해준 데 대해 감사를 표한다.

지혜롭고 세심한 에이전트인 재키 사흐와 이 책이 많은 외국어로 출판되게 도와준 휘트니 리, 그리고 열성적인 충고와 홍보로 도와준 질 망기노에게 감사한다. 책을 디자인해준 니겔 웨스트우드와 표지 디자인 작업을 즐겁게 함께해줬던 수 스넬에게 감사하고, 이번 판을 디자인해준 레벨 C를 만난 것을 특별한 행운으로 여긴다.

각주에 언급된 자료들 외에도 몇몇 글과 책들이 중요한 배경이 되어주었다. 크리스텐 립핀콧이 편집한 《시간의 스토리》는 환상적인 다양한 글들의 모음인데 3부의 중요한 배경이 되었다. 7부의 시간의 역설에 관해서는 도겐의 《쇼보겐조》, 스티븐 하이네의 《하이데거와 도겐의 시간의 실존적, 존재론적 차원》, 도널드 셔번의 《화이트헤드의 과정과 실재 안내서》, 스타니슬라프 그로프의 《코스믹 게임》, 그리고 지속적 창조에 관한 듀엔 엘진의 글을 유용하게 참고했다.

이 책이 나오게 되기까지 탐구를 해오는 여러 해 동안 사랑의 공간을 제공해준 니엔케 메르비스, 장 파렐, 그리고 빌 파렐에게도 감사드린다. 작업의 흐름이 꽉 막혔을 때 중요한 도움을 줬던 마이클 해리스와 조 하디에게도 감사한다. 내가 맡은 모든 일에 대해 열성적 관심을 보여주신 부모님은 나에게 큰 힘이 되어주었고 깊이 감사드린다. 나의 동료 앤드류 도드에게도 그의 뛰어난 영감과 변함없는 후원과 빈틈없는 충고와 내 삶에 가져다준 기쁨에 대해 감사드린다. 토비와, 우리를 너무나 잘 돌봐주신 그의 어머니에게도 감사를 표한다.

마지막으로 엔쿄 오하라 노사와 뉴욕 빌리지 젠도의 모든 회원들께도 감사드린다. 그들의 자비롭고도 장난기 넘치는 존재는 그 자체만으로도 그들이 알고 있는 이상으로 나와 이 책의 탄생에 큰 도움을 주었다.

미주

1) tense는 명사로는 시제를, 형용사로는 긴장된 상태를 뜻한다. 역주.
2) Rumi, Jalal ad-din, *The Essential Rumi*, Coleman Barks(trans.), (San Francisco: HarperSanFrancisco, 1995), p.260.
3) *The Chambers Dictionary* (Edinburgh: Chambers Harrap Publishers Ltd., 1998), p.416.
4) Browne, Ivor, "Psychological Trauma, or Unexperienced Expe-rience," *ReVision*, 12 (1990).
5) Davies, Paul, "That Mysterious Flow," *Scientific American Special*, Volume 16, Number 1, 2006, p.7.
6) Fernandez-Armesto, Felipe, "Time and History," in Lippincott, Kristin, ed., *The Story of Time* (London: Merrell Holberton Publishers, Ltd., 1999), p.248.
7) 같은 글 p. 248-9.
8) Quoted in Davies. op. cit.
9) Davies, Paul, *About Time* (London: Penguin, 1995), p.10. Used by permission of Simon & Schuster, Inc., New York.
10) Barbour, Julian, *The End of Time* (London: Phoenix, div. of Orion Publishing Group, 2000), p.137. Used by permission of Oxford University Press, Inc.
11) W., Bill, *Three Talks to Medical Societies* by Bill W., co-founder of A.A. (New York: Alcoholics Anonymous World Services; 2006), p.14.
12) Parks, Rosa, as told to Greenshaw, Wayne, *The Thunder of Angels*, with Donnie Williams (Chicago: Lawrence Hill Books, 2005).
13) Mitchell, Stephen, trans., *Bhagavad Gita* (London: Rider & Co., 2000), pp. 135, 140.
14) Tillich, Paul, *The Shaking of the Foundations* (New York: Charles Scribner's Sons, 1950), pp.161.2.

15) Cooper, David, *God Is a Verb: Kabbalah and the Practice of Mystical Judaism* (New York: Riverhead Books, 1997), p.62.
16) White, Eric Charles, *Kaironomia: On the Will-to-Invent* (Ithaca: Cornell University Press, 1987), quoted in "Composing the Present Moment," Judge, Anthony, http://www.laetusinpraesens.org/doc/ficino.php
17) 같은 글
18) Whitehead, Alfred North, in Sherburne, Donald W., ed., *A Key to Whitehead's Process and Reality* (Chicago: University of Chicago Press, 1981), p.179.
19) Wilber, Ken, *No Boundary* (Boston and London: Shambhala, 1985), p.69.
20) 같은 책, p.69.
21) Rumi, Jalal ad-din, *The Essential Rumi*, Coleman Barks (trans.), (San Francisco: HarperSanFrancisco, 1995), p.261.